DEN BÄSTA MAROCKANSKA KOKBOKEN

Utforska maten från en tidlös köksmästare med 100 moderna recept

BERIT GUSTAFSSON

Copyright Material ©2024

Alla rättigheter förbehållna

Ingen del av denna bok får användas eller överföras i någon form eller på något sätt utan korrekt skriftligt medgivande från utgivaren och upphovsrättsinnehavaren, förutom korta citat som används i en recension. Den här boken bör inte betraktas som en ersättning för medicinsk, juridisk eller annan professionell rådgivning.

INNEHÅLLSFÖRTECKNING

INNEHÅLLSFÖRTECKNING **3**
INTRODUKTION **6**
FRUKOST OCH BRUNCH **7**
   1. Marockanska pannkakor (Baghrir) 8
   2. Marockansk omelett med Merguez-korv 10
   3. Marockansk Khobz 12
   4. Marockanskt myntate 15
   5. Marockansk Shakshuka 17
   6. Marockansk spenat och feta omelett 19
   7. Marockanska Chicharrónes Con Huevo 21
   8. Marockansk frukostsufflé 23
   9. Bacon, röd paprika och Mozzarella Frittata 25
   10. Marockansk French Toast 27
   11. Laddad marockansk Polenta 29
   12. Frukostbulgur med päron och pekannötter 31
   13. Frukostklimuffins 33
   14. Marockansk frukostwrap 35
   15. Två-potatis Marockansk Hash 37
   16. Marockanska äggmuffins 39
   17. Grekisk gudinna skål 41
   18. Pinjenötter Havregryn över natten 43
   19. Spenat och äggröra 45
   20. Feta och tomatröra 47
   21. Körsbär och ricotta Tartine 49
   22. Omelett med tomat och fetaost 51
   23. Grekisk yoghurt med honung och nötter 53
   24. Marockansk frukostskål 55
   25. Marockanskt kryddat kaffe 57
   26. Marockansk avokado och tomatsallad 59
   27. Marockanska Msemen (fyrkantiga pannkakor) 61
SNACKS OCH APTITRETARE **63**
   28. Marockansk hummus med Harissa 64
   29. Marockanska fyllda dadlar 66
   30. Marockansk spenat och fetabrioater 68
   31. Marockansk Merguez-korv 70
   32. Marockansk leverkebab 72
   33. Marockanska Yam Veggie Burgers 74
   34. Fyllda tomater 76
   35. Labneh med olivolja och Za'atar 78
   36. Salt Torsk Fritters Med Aioli 80

37. RÄKKROKETTER 82
38. KRISPIGA RÄKOR 84
39. BLÄCKFISK MED ROSMARIN OCH CHILIOLJA 86
40. TORTELLINI SALLAD 88
41. CAPRESE PASTASALLAD 90
42. BALSAMICO ROSTAT BRÖD 92
43. PIZZABOLLAR 94
44. PILGRIMSMUSSLA OCH PROSCIUTTO BITES 96
45. AUBERGINE MED HONUNG 98
46. ROSTAD RÖD PAPRIKA OCH FETA DIP 100
47. SPANSK -MAROCKANSK NÖTKEBAB 102
48. MAROCKANSK AVOKADO HUMMUS 104
49. MAROCKANSK TOMATTOAST _ 106
50. KNASIG ITALIENSK POPCORNMIX 108
51. RÖD PAPRIKA OCH FETA DIP 110
52. MAROCKANSK HUMMUS DIP 112
53. FETA OCH OLIVTAPENAD 114
54. MAROCKANSKA FYLLDA DRUVBLAD 116

HUVUDRÄTT 118

55. MAROCKANSK CHICKEN TRAYBAKE 119
56. MAROCKANSK KIKÄRTTAGINE 122
57. MAROCKANSK KIKÄRTSGRYTA 125
58. MAROCKANSK-KRYDDADE KIKÄRTSSKÅLAR 127
59. MAROCKANSK BRÄSERAD LAMMAXEL MED APRIKOS 129
60. MAROCKANSKA LAMM- OCH HARISSABURGARE 132
61. RIS- OCH KIKÄRTSBAKA I MAROCKANSK STIL 134
62. MAROCKANSKA LAX- OCH HIRSSKÅLAR 136
63. FAVABÖNOR OCH KÖTTGRYTA 139
64. MAROCKANSK LAMM CHILI 141
65. FAVABÖNPURÉ - BISSARA 143
66. LAMM OCH PÄRON TAGINE 145
67. MARRAKESH RIS OCH LINSSOPPA 147
68. TJOCK KIKÄRTS- OCH KÖTTSOPPA / HAREERA 149
69. MAROCKANSK QUINOASKÅL 151
70. KYCKLING MARSALA 153
71. MAROCKANSK VEGGIE WRAP 155
72. VITLÖK CHEDDAR KYCKLING 157
73. RÄKOR MED PESTO GRÄDDSÅS 159
74. SPANSK RATATOUILLE 161
75. RÄKOR MED FÄNKÅL 163
76. UGNSBAKAD MAROCKANSK LAX 165
77. VIT BÖNSOPPA 167
78. S RÄKOR GAMBAS 169
79. GRILLAD CITRONÖRTSKYCKLING 171

80. Tomat och basilika pasta 173
81. Ugnsbakad lax med marockansk salsa 175
82. Kikärts- och spenatgryta 177
83. Citron Vitlök Räkspett 179
84. Quinoasalladsskål 181
85. Aubergine och kikärtsgryta 183
86. Citron ört bakad torsk 185
87. Marockansk linssallad 187
88. Spenat och fetaost fylld paprika 189
89. Räk- och avokadosallad 191
90. Italienska bakade kycklinglår 193
91. Quinoa fyllda paprika 195

EFTERRÄTT 197
92. Marockansk apelsin & kardemumma tårta 198
93. Marockansk apelsinsorbet 200
94. Aprikos- och mandeltårta 202
95. Marockanskt bakade persikor 204
96. Olivolja och citronkex 206
97. Marockansk fruktsallad 208
98. marockanskt Honey ed Pudding 210
99. Tårta utan mandel och apelsin 212
100. Apelsin och olivolja tårta 214

SLUTSATS 216

INTRODUKTION

Marhaban! Välkommen till "Den bästa marockanska kokboken", din inkörsport till att utforska den tidlösa och förtrollande världen av det marockanska köket genom 100 moderna recept. Den här kokboken är en hyllning till den rika gobelängen av smaker, aromatiska kryddor och kulinariska traditioner som definierar marockansk matlagning. Följ med oss på en gastronomisk resa som tar med Marockos tjusning till ditt kök och blandar tradition med en modern twist.

Föreställ dig ett bord prytt med doftande tagines, livfulla couscousrätter och dekadenta bakverk – allt inspirerat av Marockos mångsidiga landskap och kulturella influenser. "Den bästa marockanska kokboken" är inte bara en samling recept; det är en utforskning av ingredienserna, teknikerna och berättelserna som gör det marockanska köket till en symfoni av smaker. Oavsett om du har marockanska rötter eller helt enkelt uppskattar de djärva och aromatiska smakerna i Nordafrika, är dessa recept utformade för att guida dig genom krångligheterna i marockansk matlagning.

Från klassiska tagines som lamm med aprikoser till moderna vändningar på couscous och uppfinningsrika bakverk, varje recept är en hyllning till friskheten, kryddorna och gästfriheten som definierar marockanska rätter. Oavsett om du är värd för en festlig sammankomst eller njuter av en mysig familjemåltid, är den här kokboken din bästa resurs för att föra den autentiska smaken av Marocko till ditt bord.

Följ med oss när vi korsar Marrakechs kulinariska landskap till Chefchaouen, där varje skapelse är ett bevis på de levande och mångsidiga smakerna som gör marockansk matlagning till en omhuldad kulinarisk tradition. Så, ta på dig ditt förkläde, omfamna andan av marockansk gästfrihet och låt oss ge oss ut på en härlig resa genom "Den bästa marockanska kokboken".

FRUKOST OCH BRUNCH

1.Marockanska pannkakor (Baghrir)

INGREDIENSER:
- 1 kopp mannagryn
- 1/2 kopp universalmjöl
- 1 tsk aktiv torrjäst
- 1 tsk socker
- 1/2 tsk salt
- 1 1/2 dl varmt vatten
- 1 tsk bakpulver

INSTRUKTIONER:
a) I en mixer, blanda mannagryn, mjöl, jäst, socker och salt med varmt vatten tills det är slätt. Låt det vila i 30 minuter.
b) Tillsätt bakpulver i smeten och mixa ytterligare några sekunder.
c) Värm en non-stick panna på medelvärme.
d) Häll små cirklar av smeten på pannan. Koka tills det bildas bubblor på ytan.
e) Vänd och stek kort på andra sidan.
f) Upprepa tills all smet är förbrukad.
g) Servera pannkakorna med honung eller sylt.
h) Njut av din marockanskinspirerade frukost!

2. Marockansk omelett med Merguez-korv

INGREDIENSER:
- 4 ägg, vispade
- 1/2 kopp kokt och skivad merguezkorv (eller någon kryddig korv)
- 1/4 kopp tärnade tomater
- 1/4 kopp hackad lök
- 1/4 kopp hackad färsk koriander
- Salta och peppra efter smak
- Olivolja för matlagning

INSTRUKTIONER:
a) Hetta upp olivolja i en stekpanna på medelvärme.
b) Fräs löken tills den är mjuk, lägg sedan i tärnade tomater och koka kort.
c) Tillsätt den skivade merguezkorven och koka tills den fått färg.
d) Vispa äggen i en skål och smaka av med salt och peppar.
e) Häll de vispade äggen över korven och grönsakerna i stekpannan.
f) Strö hackad koriander ovanpå.
g) Koka tills äggen stelnat, vik omeletten på mitten.
h) Servera varm och njut av din smakrika marockanska omelett.

3.Marockansk Khobz

INGREDIENSER:
- 4 koppar universalmjöl
- 2 tsk salt
- 2 tsk socker
- 1 msk aktiv torrjäst
- 1 1/2 dl varmt vatten

INSTRUKTIONER:
a) I en liten skål, kombinera det varma vattnet, sockret och aktiv torrjäst. Rör om och låt det sitta i ca 5-10 minuter, eller tills det blir skummande. Detta indikerar att jästen är aktiv.
b) Kombinera mjöl och salt i en stor blandningsskål.
c) Gör en brunn i mitten av mjölblandningen och häll den aktiverade jästblandningen i den.
d) Börja blanda ihop ingredienserna till en kladdig deg.
e) Vänd ut degen på en lätt mjölad yta.
f) Knåda degen i ca 10-15 minuter tills den är smidig och elastisk. Du kan behöva tillsätta lite mer mjöl för att förhindra att den fastnar, men håll degen lite kladdig.
g) Lägg tillbaka degen i mixerbunken, täck den med en ren kökshandduk och låt den jäsa på en varm, dragfri plats i cirka 1 timme eller tills den har dubbelt så stor storlek.
h) Efter den första jäsningen, slå ner degen för att ta bort luftbubblor.
i) Dela degen i 6-8 lika stora delar, beroende på önskad storlek på din khobz.
j) Rulla varje del till en boll och platta till den till en rund skiva, ca 1/4 tum tjock. Storleken ska likna en liten mattallrik.
k) Lägg den formade khobzen på en bakplåtspappersklädd plåt.
l) Täck dem med en ren kökshandduk och låt dem jäsa ytterligare 30-45 minuter.
m) Värm ugnen till 220°C (430°F).
n) Precis innan gräddningen kan du valfritt göra små fördjupningar i khobz med fingertopparna.
o) Placera bakplåten i den förvärmda ugnen.
p) Grädda i cirka 15-20 minuter eller tills khobzerna är lätt brynta och har en liten skorpa.
q) Servera den marockanska Khobz varm. Den är perfekt för att ösa upp marockanska grytor, tagines eller för att göra smörgåsar.

4.Marockanskt myntate

INGREDIENSER:
- 2 matskedar Kinesiskt grönt te
- 5 koppar Kokande vatten
- 1 knippe färsk mynta, tvättad
- 1 kopp Socker

INSTRUKTIONER:
a) Placera te i en tekanna. Häll i kokande vatten.
b) Brant i 3 minuter.
c) Tillsätt mynta i grytan.
d) Låt dra i 4 minuter. Tillsätt socker.
e) Tjäna.

5. Marockansk Shakshuka

INGREDIENSER:
- 1 msk olivolja
- 1 lök, finhackad
- 1 röd paprika, hackad
- 1 burk (14 uns) krossade tomater
- 4 stora ägg

INSTRUKTIONER:

a) Hetta upp olivolja i en stekpanna på medelvärme. Tillsätt hackad lök och röd paprika, fräs tills den mjuknat.
b) Tillsätt krossade tomater i stekpannan och låt sjuda i 10 minuter.
c) Skapa brunnar i tomatblandningen och knäck äggen i dem.
d) Täck över och koka tills äggen når önskad form.
e) Servera Shakshuka och njut av ditt knapriga favoritbröd.

6.Marockansk spenat och feta omelett

INGREDIENSER:
- 2 stora ägg
- 1 msk olivolja
- ¼ kopp fetaost, smulad
- Handfull spenatblad
- Salta och peppra efter smak

INSTRUKTIONER:
a) Vispa äggen i en skål och smaka av med salt och peppar.
b) Värm olivolja i en non-stick stekpanna på medelvärme.
c) Tillsätt spenat och koka tills det vissnat.
d) Häll de vispade äggen över grönsakerna och låt stelna en stund.
e) Strö fetaost på ena halvan av omeletten och vik den andra halvan över den.
f) Koka tills äggen stelnat helt.

7. Marockanska Chicharrónes Con Huevo

INGREDIENSER:
- 1 kopp fläsk chicharrónes (stekt fläskskinn), krossad
- 4 stora ägg
- ½ kopp tärnade tomater
- ¼ kopp tärnad rödlök
- 2 matskedar olivolja

INSTRUKTIONER:
a) Vispa äggen i en skål och smaka av med salt och peppar.
b) Hetta upp olivolja i en stekpanna på medelvärme.
c) Tillsätt tärnade tomater, tärnad rödlök och tärnad jalapeño i stekpannan. Fräs tills grönsakerna mjuknat.
d) Häll de vispade äggen i stekpannan, rör försiktigt för att kombinera med grönsakerna.
e) När äggen börjar stelna, tillsätt de krossade chicharrónesna i stekpannan och fortsätt att röra tills äggen är genomstekta.
f) Servera varm, strö över hackad färsk koriander och med limeklyftor vid sidan av.

8.Marockansk frukostsufflé

INGREDIENSER:
- 6 stora ägg, separerade
- ½ kopp fetaost, smulad
- ¼ kopp svarta oliver, skivade
- ¼ kopp soltorkade tomater, hackade
- ¼ kopp färsk basilika, hackad

INSTRUKTIONER:
a) Värm ugnen till 375°F (190°C).
b) Vispa äggulor tills de är väl blandade i en stor skål.
c) Vispa äggvitan i en separat skål tills det bildas styva toppar.
d) Vänd försiktigt ner fetaost, skivade svarta oliver, hackade soltorkade tomater och färsk basilika i de vispade äggulorna.
e) Vänd försiktigt ner den vispade äggvitan tills den precis blandas.
f) Krydda med salt och peppar efter smak.
g) Smörj en ugnsform och häll blandningen i den.
h) Grädda i 25-30 minuter eller tills sufflén är puffad och gyllenbrun.
i) Ta ut ur ugnen och låt den svalna innan servering.

9.Bacon, röd paprika och Mozzarella Frittata

INGREDIENSER:
- 7 skivor bacon
- 1 msk olivolja
- 4 stora ägg
- 4 uns färsk mozzarellaost, i tärningar
- 1 medelstor röd paprika

INSTRUKTIONER:
a) Värm ugnen till 350°F.
b) I en het panna, tillsätt 1 msk olivolja och koka 7 skivor bacon tills de är bruna.
c) Tillsätt hackad röd paprika i pannan och rör om väl.
d) Vispa 4 stora ägg i en skål, tillsätt 4 uns färsk mozzarella i tärningar och blanda väl.
e) Tillsätt ägg- och ostblandningen i pannan, se till att den fördelas jämnt.
f) Koka tills äggen börjar stelna runt kanterna.
g) Riv 2 uns getost över toppen av frittatan.
h) För över pannan till ugnen och grädda i 6-8 minuter vid 350°F, stek sedan i ytterligare 4-6 minuter tills toppen är gyllenbrun.
i) Ta ut ur ugnen och låt vila en kort stund.
j) Ta försiktigt ut frittatan från pannan, garnera med färsk hackad persilja och skiva innan servering.

10. Marockansk French Toast

INGREDIENSER:
- 8 skivor av ditt favoritbröd
- 4 stora ägg
- 1 dl mjölk
- 1 tsk vaniljextrakt
- ½ kopp blandade bär (jordgubbar, blåbär, hallon)

INSTRUKTIONER:
a) Vispa ihop ägg, mjölk och vaniljextrakt i en grund form.
b) Hetta upp en stekpanna eller non-stick stekpanna och tillsätt smör eller olivolja.
c) Doppa varje brödskiva i äggblandningen, täck båda sidorna.
d) Stek brödet på grillen tills det är gyllenbrunt på varje sida (ca 3-4 minuter per sida).
e) Servera den franska toasten toppad med blandade bär.

11. Laddad marockansk Polenta

INGREDIENSER:
- 1 kopp polenta
- 4 dl grönsaksbuljong
- 2 matskedar olivolja
- 1 burk (400g) tärnade tomater, avrunna
- 1 dl kronärtskockshjärtan, hackad

INSTRUKTIONER:
a) Koka upp grönsaksbuljongen i en medelstor kastrull. Vispa i polentan, rör hela tiden tills den är tjock och krämig.
b) Värm olivolja på medelvärme i en separat stekpanna. Fräs finhackad lök tills den är genomskinlig.
c) Tillsätt hackad vitlök i stekpannan och fräs i ytterligare 1-2 minuter.
d) Rör ner avrunna tärnade tomater, hackade kronärtskockshjärtan och smaka av med salt och peppar. Koka i 5-7 minuter tills den är genomvärmd.
e) Häll den marockanska grönsaksblandningen över polentan, rör försiktigt för att kombinera.

12.Frukostbulgur med päron och pekannötter

INGREDIENSER:
- 2 koppar vatten
- 1/2 tsk salt
- 1 kopp medium bulgur
- 1 msk veganskt margarin
- 2 mogna päron, skalade, urkärnade och hackade
- 1/4 kopp hackade pekannötter

INSTRUKTIONER:
a) Koka upp vattnet på hög värme i en stor kastrull.
b) Tillsätt saltet och rör ner bulguren. Sänk värmen till låg, täck över och låt sjuda tills bulguren är mjuk och vätskan har absorberats i cirka 15 minuter.
c) Ta av från värmen och rör ner margarin, päron och pekannötter.
d) Täck över och låt sitta i 12 till 15 minuter till innan servering.

13.Frukostklimuffins

INGREDIENSER:
- 2 koppar flingor flingor
- 1 1/2 koppar universalmjöl
- 1/2 kopp russin
- 1/3 kopp socker
- 3/4 kopp färsk apelsinjuice

INSTRUKTIONER:
a) Värm ugnen till 400°F.
b) Olja lätt en 12-kopps muffinsform eller klä den med pappersfoder.
c) I en stor skål, kombinera kli flingor, mjöl, russin, socker och salt.
d) Blanda färsk apelsinjuice och olja i en medelstor skål.
e) Häll de blöta ingredienserna i de torra ingredienserna och blanda tills det precis blivit fuktigt.
f) Häll smeten i den förberedda muffinsformen, fyll kopparna ungefär två tredjedelar fulla.
g) Grädda tills den är gyllenbrun och en tandpetare i en muffins kommer ut ren, cirka 20 minuter.
h) Servera muffinsen varma.

14.Marockansk frukostwrap

INGREDIENSER:
- Fullkornswrap eller tunnbröd
- Hummus
- Rökt lax
- Gurka, tunt skivad
- Färsk dill, hackad

INSTRUKTIONER:
a) Fördela hummus jämnt över hela kornfolien.
b) Varva rökt lax och tunt skivad gurka.
c) Strö över hackad färsk dill.
d) Rulla ihop wrapen hårt och skär den på mitten.

15.Två-potatis Marockansk Hash

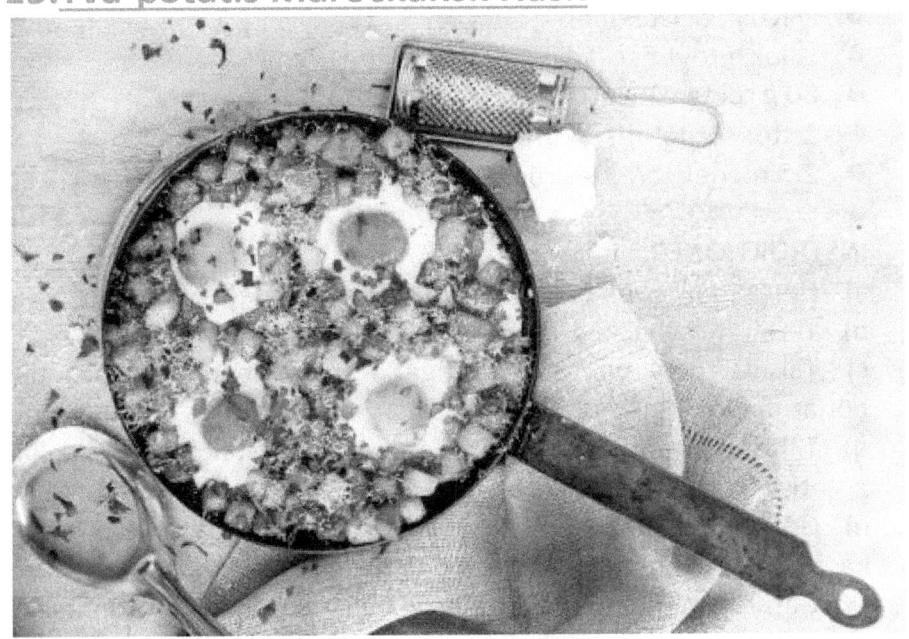

INGREDIENSER:
- Olivolja till stekning
- ½ lök, grovt hackad
- 80 g rökta pancettatärningar
- 1 stor sötpotatis, skuren i 2 cm tärningar
- 2-3 medelstora Désirée potatisar, skurna i 2 cm tärningar

INSTRUKTIONER:
a) Hetta upp olivolja i en stor stekpanna på medelvärme.
b) Tillsätt grovhackad lök och fräs tills den är genomskinlig.
c) Tillsätt rökta pancettatärningar i stekpannan och koka tills de börjar få färg.
d) Tillsätt sötpotatis och Désirée-potatis i stekpannan. Koka tills potatisen är mjuk och fått en gyllenbrun skorpa (ca 15 minuter).
e) Gör fyra brunnar i hashen och knäck ett ägg i varje brunn. Täck kastrullen och koka tills äggen är färdiga som du vill.
f) Garnera med finriven parmesan och hackad färsk bladpersilja.

16. Marockanska äggmuffins

INGREDIENSER:
- 6 stora ägg
- ½ kopp körsbärstomater, tärnade
- ½ dl spenat, hackad
- ¼ kopp fetaost, smulad
- 1 msk svarta oliver, skivade

INSTRUKTIONER:

a) Värm ugnen till 375°F (190°C). Smörj en muffinsform med olivolja eller använd pappersfoder.

b) Vispa ihop äggen i en skål. Krydda med salt och peppar.

c) Fräs körsbärstomater, spenat och röd paprika i en stekpanna i olivolja tills de är mjuka.

d) Fördela de sauterade grönsakerna jämnt i den förberedda muffinsformen.

e) Häll de vispade äggen över grönsakerna i varje muffinskopp.

f) Strö smulad fetaost, skivade svarta oliver och hackad färsk persilja ovanpå varje äggmuffins.

g) Grädda i den förvärmda ugnen i 15-20 minuter eller tills äggen stelnat och topparna är gyllenbruna.

h) Låt äggmuffinsen svalna några minuter innan du tar ut dem ur muffinsformen.

17. Grekisk gudinna skål

INGREDIENSER:
- 1 kopp kokt quinoa eller bulgur
- 1 dl körsbärstomater, halverade
- 1 gurka, tärnad
- ½ kopp Kalamata-oliver, urkärnade och skivade
- ½ kopp fetaost, smulad

INSTRUKTIONER:
a) I en stor skål, kombinera kokt quinoa eller bulgur, körsbärstomater, gurka, Kalamata-oliver och smulad fetaost.
b) Dela blandningen i två skålar.
c) Garnera med färsk persilja om så önskas.
d) Servera omedelbart och njut av din förenklade grekiska gudinnaskål!

18.Pinjenötter Havregryn över natten

INGREDIENSER:
- 1 dl gammaldags havregryn
- 1 dl grekisk yoghurt
- 1 kopp mjölk (mejeri eller växtbaserad)
- 2 matskedar honung
- 2 msk pinjenötter, rostade

INSTRUKTIONER:

a) Kombinera havregryn, grekisk yoghurt, mjölk, honung och vaniljextrakt i en skål. Rör om tills det är väl blandat.

b) Vänd ner rostade pinjenötter.

c) Dela blandningen i två burkar eller lufttäta behållare.

d) Förslut burkarna eller behållarna och ställ i kylen över natten eller i minst 4 timmar så att havren mjuknar och smakerna smälter samman.

e) Innan servering, rör över natten havregrynen ordentligt. Om den är för tjock kan du lägga till en skvätt mjölk för att nå önskad konsistens.

19.Spenat och äggröra

INGREDIENSER:
- 4 stora ägg
- 2 dl färsk spenat, hackad
- 1 msk olivolja
- ½ lök, finhackad
- Salta och peppra efter smak

INSTRUKTIONER:
a) Vispa äggen i en skål och smaka av med salt och peppar.
b) Hetta upp olivolja i en stekpanna på medelvärme.
c) Tillsätt hackad lök och fräs tills den mjuknat.
d) Tillsätt hackad vitlök och hackad spenat i stekpannan. Koka tills spenaten vissnat.
e) Häll de vispade äggen i stekpannan över spenatblandningen.
f) Rör äggen försiktigt med en spatel tills de är genomstekta men fortfarande fuktiga.
g) Ta bort stekpannan från värmen.
h) Valfritt: Om så önskas, strö smulad fetaost över äggen och rör om.
i) Garnera med halverade körsbärstomater och hackad färsk persilja.
j) Servera spenat- och äggröran varm och njut!

20.Feta och tomatröra

INGREDIENSER:
- Ägg
- Fetaost, smulad
- Körsbärstomater, tärnade
- Färsk basilika, hackad
- Olivolja

INSTRUKTIONER:
a) Vispa ägg i en skål och smaka av med salt och peppar.
b) Hetta upp olivolja i en stekpanna och rör ner äggen.
c) Tillsätt smulad fetaost och tärnade körsbärstomater.
d) Koka tills äggen stelnat helt.
e) Strö över färsk hackad basilika före servering.

21.Körsbär och ricotta Tartine

INGREDIENSER:
- 2 skivor fullkornsbröd, rostat
- ½ kopp ricottaost
- 1 dl färska körsbär, urkärnade och halverade
- 1 matsked honung
- 1 msk hackade pistagenötter

INSTRUKTIONER:
a) Rosta skivorna av fullkornsbröd efter eget tycke.
b) Bred ut ett generöst lager ricottaost på varje skiva rostat bröd.
c) Toppa ricottan med färska körsbärshalvor, ordna dem jämnt.
d) Ringla honung över körsbären och se till att den är jämnt fördelad.
e) Strö hackade pistagenötter över tartinerna för extra crunch och smak.

22.Omelett med tomat och fetaost

INGREDIENSER:
- 2 tsk olivolja
- 4 ägg, vispade
- 8 körsbärstomater, hackade
- 50 g fetaost, smulad
- blandade salladsblad, att servera (valfritt)

INSTRUKTIONER:
a) Hetta upp oljan i en stekpanna, tillsätt äggen och koka, rör runt dem då och då. Strö över fetaosten och tomaterna efter några minuter. Koka ytterligare en minut innan servering.
b) Hetta upp oljan i en stekpanna med lock och stek sedan lök, chili, vitlök och korianderstjälkarna i 5 minuter tills de är mjuka. Rör ner tomaterna och låt sjuda i 8-10 minuter.
c) Använd baksidan av en stor sked, gör 4 dopp i såsen och knäck sedan ett ägg i varje. Lägg ett lock på pannan och koka sedan på låg värme i 6-8 minuter tills äggen är färdiga som du vill.
d) Strö över korianderbladen och servera med bröd.

23.Grekisk yoghurt med honung och nötter

INGREDIENSER:
- grekisk yoghurt
- Honung
- Mandel, hackad
- Valnötter, hackade
- Färska bär (valfritt)

INSTRUKTIONER:
a) Häll grekisk yoghurt i en skål.
b) Ringla honung över yoghurten.
c) Strö hackad mandel och valnötter ovanpå.
d) Tillsätt färska bär om så önskas.

24.Marockansk frukostskål

INGREDIENSER:
- Kokt quinoa
- Hummus
- Gurka, tärnad
- Körsbärstomater, halverade
- Kalamata oliver, skivade

INSTRUKTIONER:
a) Häll upp kokt quinoa i en skål.
b) Lägg till klick hummus.
c) Strö tärnad gurka, halverade körsbärstomater och skivade Kalamata-oliver.
d) Blanda ihop innan du njuter.

25. Marockanskt kryddat kaffe

INGREDIENSER:
- ¼ tesked mald kanel
- ⅛ tesked mald kardemumma
- 1 kopp starkt bryggkaffe
- ⅛ tesked mald kryddnejlika
- ¼ tesked mald muskotnöt
- Socker eller honung efter smak (valfritt)
- Mjölk eller grädde (valfritt)

INSTRUKTIONER:
a) Börja med att förbereda en robust kaffebryggare med din önskade kaffebryggare. Välj nymalda kaffebönor för att njuta av den yttersta fräschören i smaken.
b) Medan kaffet är i bryggningsprocessen, skapa kryddblandningen.
c) Kombinera mald kanel, mald kardemumma, mald kryddnejlika och mald muskotnöt i en liten skål. Blanda dessa kryddor noggrant.
d) Så snart kaffet är tillagat, överför det till en kaffemugg.
e) Strö kryddblandningen på det nybryggda kaffet.
f) Justera kryddmängderna för att passa din smak. Du kan börja med de medföljande måtten och lägga till mer för en djärvare kryddinfusion.
g) Om så önskas, söta ditt marockanska kryddade kaffe med socker eller honung efter eget tycke.
h) Rör om tills sötningsmedlet är helt upplöst.
i) För en krämig touch, överväg att lägga till en skvätt mjölk eller grädde i detta skede.
j) Rör om kraftigt i kaffet så att kryddorna och sötningsmedlet fördelas jämnt.
k) Njut av ditt marockanska kryddade kaffe medan det är rykande varmt.

26. Marockansk avokado och tomatsallad

INGREDIENSER:
- 2 mogna avokado, tärnade
- 2 tomater, tärnade
- 1/4 kopp rödlök, finhackad
- 2 msk färsk persilja, hackad
- 1 msk olivolja
- 1 msk citronsaft
- Salta och peppra, efter smak

INSTRUKTIONER:
a) I en skål, kombinera tärnad avokado, tomater, rödlök och färsk persilja.
b) I en liten skål, vispa ihop olivolja, citronsaft, salt och peppar.
c) Häll dressingen över salladen och blanda försiktigt.
d) Servera genast som ett uppfriskande tillbehör.

27.Marockanska Msemen (fyrkantiga pannkakor)

INGREDIENSER:
- 3 koppar universalmjöl
- 1 kopp fin mannagryn
- 1 tsk salt
- 1 matsked socker
- 1 msk jäst
- 1 1/2 till 2 koppar varmt vatten
- Olivolja för borstning

INSTRUKTIONER:
a) I en stor skål, blanda ihop mjöl, mannagryn, salt, socker och jäst.
b) Tillsätt gradvis varmt vatten och knåda tills du har en mjuk, elastisk deg.
c) Dela degen i golfbollstora delar.
d) Platta ut varje boll till en tunn fyrkant eller rektangel.
e) Pensla varje sida av torget med olivolja.
f) Stek rutorna på en het stekpanna eller stekpanna tills de är gyllenbruna på båda sidor.
g) Servera varm med honung eller sylt.

SNACKS OCH APTITRETARE

28.Marockansk hummus med Harissa

INGREDIENSER:
- 1 burk (15 oz) kikärter, avrunna och sköljda
- 3 matskedar tahini
- 2 vitlöksklyftor, hackade
- 2 matskedar olivolja
- Saften av 1 citron
- 1 tsk malen spiskummin
- Salta och peppra efter smak
- Harissa pasta till garnering
- Hackad färsk persilja till garnering

INSTRUKTIONER:
a) I en matberedare, kombinera kikärter, tahini, vitlök, olivolja, citronsaft, spiskummin, salt och peppar.
b) Mixa tills det är slätt och krämigt.
c) Överför hummusen till en serveringsskål.
d) Skapa en brunn i mitten och lägg till en klick harissapasta.
e) Garnera med hackad persilja.
f) Servera med pitabröd eller grönsaksstavar.

29. Marockanska fyllda dadlar

INGREDIENSER:
- Medjool dadlar, urkärnade
- Krämig getost
- Valnötter eller mandel, hel eller halverad
- Honung för duggregn
- Mald kanel att strö över

INSTRUKTIONER:
a) Ta varje urkärnad dadel och fyll den med en liten mängd krämig getost.
b) Tryck ner en valnöt eller mandel i osten.
c) Lägg upp de fyllda dadlarna på ett serveringsfat.
d) Ringla honung över dadlarna.
e) Strö över malen kanel.
f) Servera som ett sött och välsmakande marockanskt mellanmål.

30. Marockansk spenat och fetabrioater

INGREDIENSER:
- 1 dl kokt spenat, hackad och avrunnen
- 1/2 dl smulad fetaost
- 1/4 kopp hackad färsk koriander
- 1/4 kopp hackad salladslök
- 1 tsk malen spiskummin
- Salta och peppra efter smak
- Filodegsark
- Smält smör för pensling

INSTRUKTIONER:
a) Värm ugnen till 375°F (190°C).
b) I en skål, blanda ihop kokt spenat, fetaost, koriander, salladslök, spiskummin, salt och peppar.
c) Ta ett filodegsblad och pensla det lätt med smält smör.
d) Lägg en sked av spenat- och fetablandningen i ena änden av filoskivan.
e) Vik filon över fyllningen till en triangel.
f) Fortsätt att vika till en triangulär form.
g) Lägg briouaterna på en plåt och pensla topparna med smält smör.
h) Grädda i den förvärmda ugnen i 15-20 minuter eller tills de är gyllenbruna.
i) Låt svalna något innan servering.

31.Marockansk Merguez-korv

INGREDIENSER:
- 2 tsk spiskummin
- 2 tsk fänkålsfrön
- 2 tsk korianderfrön
- 2 matskedar paprika
- 3 tsk malen cayennepeppar
- 1 tsk mald kanel
- 1 tsk mald sumak (valfritt)
- 3 pund malet lamm
- 1/2 kopp extra virgin olivolja
- 1 dl färsk koriander, finhackad
- 1/2 kopp färska myntablad, finhackad 6 stora vitlöksklyftor, finhackad 4 tsk koshersalt

INSTRUKTIONER:
a) I en tjockbottnad stekpanna eller gjutjärnspanna, kombinera spiskummin, fänkål och korianderfrön och rosta på medelvärme i 2 minuter eller tills de doftar. Låt svalna något och mal sedan i en kryddkvarn tills den är fin och pudrig. (Obs: Du kan också använda malda kryddor istället för hela, men smaken blir bättre med de hela kryddorna)

b) Kombinera de malda rostade kryddorna med paprika, cayenne, kanel och sumak. I en stor skål, kombinera kryddorna med malet lamm, olja, koriander, mynta, vitlök och salt och blanda tills det är väl kombinerat (jag använder min mixer för att se till att allt är jämnt blandat.)

c) Om så önskas, stek en liten mängd av köttet i en stekpanna och smaka av för att kontrollera smaken. Justera kryddorna efter önskemål.

d) För att forma, rulla den kryddade lammblandningen till små rör, cirka 4 tum långa och 1 tum breda. Du kan även göra biffar om så önskas. Korven kan tillagas direkt, eller så kan du slå in och frysa in på obestämd tid. För att laga mat, grilla korven eller tillaga på en stekpanna tills den är genomstekt.

32.Marockansk leverkebab

INGREDIENSER:
- 8 uns njurfett, valfritt men tillrådligt, skuret i tärningar
- 2,2 pund färsk kalv- eller lammlever (helst kalvlever), ta bort det genomskinliga membranet, skär i ¾ tums kuber

MARINAD
- 2 msk mald söt paprika
- 2 tsk salt
- 1 tsk malen spiskummin

ATT TJÄNA
- 2 tsk malen spiskummin
- 2 tsk cayennepeppar (valfritt)
- 2 tsk salt

Vägbeskrivning :
a) Lägg lever och fett i en skål och blanda väl.
b) Strö paprika, salt och spiskummin över och rör om igen tills det är väl täckt.
c) Täck skålen och ställ i kylen i 1-8 timmar.
d) 30 minuter före grillning, ta ut skålen från kylen.
e) Ställ upp din grill och förvärm den till medelhög värme.
f) Fäst leverkuberna växelvis med njurfettkuber på spett, utan att lämna något mellanrum. Lägg ca 6 - 8 tärningar lever på varje spett.
g) Lägg de förberedda spetten på grillen och grilla i ca 8 - 10 minuter, vänd ofta. Levern ska vara välkokt inuti och svampig när du trycker på den.
h) Servera varm.

33.Marockanska Yam Veggie Burgers

INGREDIENSER:
- 1,5 dl riven jams
- 2 vitlöksklyftor, skalade
- ¾ kopp färska korianderblad
- 1 bit färsk ingefära, skalad
- 15-ounce burk kikärter, avrunna och sköljda
- 2 msk malet lin blandat med 3 msk vatten
- ¾ kopp havregryn, mald till ett mjöl
- ½ msk sesamolja
- 1 matsked kokosnötsaminos eller tamari med låg natriumhalt
- ½-¾ tesked finkornigt havssalt eller rosa Himalayasalt efter smak
- Nymalen svartpeppar, efter smak
- 1 ½ tsk chilipulver
- 1 tsk spiskummin
- ½ tsk koriander
- ¼ tesked kanel
- ¼ tesked gurkmeja
- ½ kopp koriander-lime tahinisås

INSTRUKTIONER:

a) Värm ugnen till 350F. Klä en bakplåt med en bit bakplåtspapper.

b) Skala jammen. Använd det vanliga gallerhålet och riv garnet tills du har 1 ½ lätt packade koppar. Lägg i en skål.

c) Ta bort rivjärnet från matberedaren och lägg till det vanliga "s"-bladet. Finhacka vitlök, koriander och ingefära tills det är fint hackat.

d) Tillsätt avrunna kikärter och bearbeta igen tills de är finhackade, men lämna lite konsistens. Häll denna blandning i en skål.

e) I en skål, rör ihop lin- och vattenblandningen.

f) Mal havren till mjöl med hjälp av en mixer eller matberedare. Eller så kan du använda ¾ kopp + 1 matsked förmalet havremjöl. Rör ner detta i blandningen tillsammans med linblandningen.

g) Rör nu i oljan, aminos/tamari, salt/peppar och kryddor tills de är ordentligt blandade. Justera efter smak om så önskas.

h) Forma 6-8 biffar, packa ihop blandningen ordentligt. Lägg på plåt.

i) Grädda i 15 minuter, vänd sedan försiktigt och grädda i ytterligare 18-23 minuter tills de är gyllene och fasta. Kyl på pannan.

34.Fyllda tomater

INGREDIENSER:
- 8 små tomater, eller 3 stora
- 4 hårdkokta ägg, kylda och skalade
- 6 matskedar Aioli eller majonnäs
- Salt och peppar
- 1 msk persilja, hackad

INSTRUKTIONER:
a) Doppa tomaterna i en skål med iskallt eller extremt kallt vatten efter att ha flå dem i en kastrull med kokande vatten i 10 sekunder.
b) Skär av tomaternas toppar. Använd en tesked eller en liten vass kniv och skrapa bort frön och insidor.
c) Mosa äggen med Aioli (eller majonnäs), salt, peppar och persilja i en bunke.
d) Fyll tomaterna med fyllningen, tryck ner dem ordentligt. Sätt tillbaka locken på små tomater i en gullig vinkel.
e) Fyll tomaterna till toppen, tryck tills de är jämna. Kyl i 1 timme innan du skär i ringar med en vass skärkniv.
f) Garnera med persilja.

35. Labneh med olivolja och Za'atar

INGREDIENSER:
- Labneh (silad yoghurt)
- Extra virgin olivolja
- Za'atar kryddblandning
- Pitabröd eller fullkornskex
- Färska myntablad till garnering

INSTRUKTIONER:
a) Lägg labneh i en skål.
b) Ringla över olivolja.
c) Strö Za'atar krydda över toppen.
d) Servera med pitabröd eller kex.
e) Garnera med färska myntablad.

36.Salt Torsk Fritters Med Aioli

INGREDIENSER:
- 1 pund salt torsk, blötlagd
- 3 ½ uns torkade vita ströbröd
- ¼ pund mjölig potatis, kokt och mosad
- Olivolja, för ytfritering
- Aioli

INSTRUKTIONER:
a) Kombinera mjölk och hälften av vårlöken i en kastrull, låt koka upp och pochera den blötlagda torsken i 10-15 minuter tills den lätt flagnar. Ta bort ben och skinn och flinga sedan torsken i en skål.
b) Häll i 4 matskedar potatismos med torsken och kombinera med en träslev.
c) Arbeta in olivoljan och tillsätt sedan resten av potatismoset gradvis. Blanda resten av vårlöken och persiljan i en bunke.
d) Smaka av med citronsaft och peppar efter smak.
e) Vispa ett ägg tills det är väl blandat i en separat skål, kyl sedan tills det är fast.
f) Rulla den kylda fiskblandningen till 12-18 bollar och platta sedan försiktigt till små runda kakor. Mjöla var och en, doppa i det uppvispade ägget och täck med torrt ströbröd. Ställ i kyl tills den ska stekas.
g) Värm cirka ¾-tums olja i en stor, tung stekpanna. Koka frittorna i cirka 4 minuter på medelhög värme.
h) Vänd dem och koka i ytterligare 4 minuter, eller tills de är knapriga och gyllene på andra sidan.
i) Låt rinna av på hushållspapper innan servering med Aioli.

37.Räkkroketter

INGREDIENSER:
- 3 ½ uns smör
- 4 uns vanligt mjöl
- 1 ¼ pints kall mjölk
- 14 uns kokta skalade räkor, tärnade
- Olivolja för fritering

INSTRUKTIONER:

a) Smält smöret i en medelstor kastrull och tillsätt mjölet under konstant omrörning.

b) Ringla långsamt i den kylda mjölken under konstant omrörning tills du har en tjock, slät sås.

c) Tillsätt räkorna, krydda rikligt med salt och peppar, vispa sedan i tomatpurén. Koka i ytterligare 7 till 8 minuter.

d) Ta en liten matsked av blandningen och rulla den till en 1 ½ - 2-tums cylinder för att bilda kroketter.

e) I en stor, tjockbottnad panna, värm oljan för fritering tills den når 350°F eller en brödkub blir gyllenbrun på 20-30 sekunder.

f) Stek kroketterna i cirka 5 minuter i omgångar på högst 3 eller 4 tills de är gyllenbruna.

g) Ta bort kroketterna med en hålslev, låt rinna av på hushållspapper och servera omedelbart.

38.Krispiga räkor

INGREDIENSER:
- ½ pund små räkor, skalade
- 1½ dl kikärtor eller vanligt mjöl
- 1 msk hackad färsk bladpersilja
- 3 salladslökar, vit del och lite av de möra gröna topparna, finhackade
- ½ tesked söt paprika/pimentón

INSTRUKTIONER:
a) Koka räkorna i en kastrull med tillräckligt med vatten för att täcka dem och koka upp på hög värme.
b) I en skål, kombinera mjöl, persilja, salladslök och pimentón för att producera smeten. Tillsätt en nypa salt och avsvalnat kokvatten.
c) Mixa eller bearbeta tills du har en konsistens lite tjockare än pannkakssmet. Kyl i 1 timme.
d) Finhacka räkorna.
e) Ta ut smeten ur kylen och rör ner räkorna.
f) Värm olivolja på hög värme i en tjock stekpanna tills den nästan ryker.
g) Häll 1 matsked smet i oljan för varje fritta, platta till en 3 ½ tums diameter.
h) Stek ca 1 minut på varje sida, eller tills frittorna är gyllene och knapriga.
i) Ta bort frittorna med en hålslev och lägg dem på en ugnssäker form.
j) Servera direkt.

39.Bläckfisk Med Rosmarin Och Chiliolja

INGREDIENSER:
- 1 pund färsk bläckfisk, rengjord och skivad i ringar
- ½ kopp olivolja
- 2 vitlöksklyftor, hackade
- 1 msk färsk rosmarin, finhackad
- 1 tsk röda chiliflakes (anpassa efter smak)

INSTRUKTIONER:
a) Hetta upp olivolja i en stor stekpanna på medelvärme.
b) Tillsätt hackad vitlök, hackad rosmarin och röda chiliflakes i stekpannan. Koka i 1-2 minuter tills vitlöken doftar.
c) Lägg till den skivade bläckfisken i stekpannan, rör om för att belägga dem i den smaksatta oljan. Koka i 2-3 minuter eller tills bläckfisken är ogenomskinlig och precis genomstekt.
d) Krydda med salt och peppar efter smak.
e) Ta av stekpannan från värmen och överför bläckfisken till en serveringsfat.
f) Ringla eventuell kvarvarande smaksatt olja över bläckfisken.
g) Garnera med hackad färsk persilja och servera varm med citronklyftor vid sidan av.

40.Tortellini sallad

INGREDIENSER:
- 1 paket trefärgad osttortellini
- ½ kopp tärnad pepperoni
- ¼ kopp skivad salladslök
- 1 tärnad grön paprika
- 1 dl halverade körsbärstomater

INSTRUKTIONER:

a) Koka tortellinin enligt anvisningarna på förpackningen och låt rinna av.

b) Kasta tortellini med tärnad pepperoni, skivad salladslök, tärnad grön paprika, halverade körsbärstomater och eventuella ytterligare önskade ingredienser i en stor mixerskål.

c) Ringla den italienska dressingen ovanpå.

d) Rör ihop allt för att kombinera.

e) Ställ åt sidan i 2 timmar för att kyla innan servering.

41.Caprese pastasallad

INGREDIENSER:
- 2 dl kokt pennepasta
- 1 kopp pesto
- 2 hackade tomater
- 1 kopp tärnad mozzarellaost
- Salta och peppra efter smak

INSTRUKTIONER:

a) Koka pastan enligt anvisningarna på förpackningen och låt den rinna av.

b) Kombinera pastan med pesto, hackade tomater och tärnad mozzarellaost i en stor blandningsskål.

c) Krydda med salt, peppar och oregano.

d) Ringla rödvinsvinäger ovanpå.

e) Ställ åt sidan 1 timme i kylen innan servering.

42.Balsamico Rostat bröd

INGREDIENSER:
- 1 kopp urkärnade och tärnade romska tomater
- ¼ kopp hackad basilika
- ½ kopp strimlad pecorinoost
- 1 finhackad vitlöksklyfta
- 1 msk balsamvinäger

INSTRUKTIONER:
a) Kombinera de hackade tomaterna, hackad basilika, strimlad pecorinoost och hackad vitlök i en blandningsform.
b) Vispa ihop balsamvinäger och 1 matsked olivolja i en liten blandningsskål; avsätta.
c) Ringla franskbrödsskivor med olivolja och strö över vitlökspulver och basilika.
d) Lägg brödskivorna på en bakpanna och rosta i 5 minuter i 350 grader.
e) Ta ut ur ugnen och toppa det rostade brödet med tomat- och ostblandningen.
f) Smaksätt eventuellt med salt och peppar.
g) Servera omedelbart.

43.Pizzabollar

INGREDIENSER:
- 1 pund smulad malen korv
- 2 koppar Bisquick mix
- 1 hackad lök
- 3 hackade vitlöksklyftor
- 2 dl riven mozzarellaost

INSTRUKTIONER:
a) Värm ugnen till 400 grader Fahrenheit.
b) Blanda smulad mald korv, Bisquickmix, hackad lök, hackad vitlök och strimlad mozzarellaost i en skål.
c) Tillsätt precis tillräckligt med vatten för att blandningen ska fungera.
d) Rulla blandningen till 1-tums bollar.
e) Lägg bollarna på en förberedd plåt.
f) Ringla parmesanost över pizzabollarna.
g) Grädda i den förvärmda ugnen vid 350°F i 20 minuter.
h) Servera med resterande pizzasås vid sidan om för doppning.

44. Pilgrimsmussla och Prosciutto Bites

INGREDIENSER:
- ½ kopp tunt skivad prosciutto
- 3 msk färskost
- 1 pund pilgrimsmusslor
- 3 matskedar olivolja
- 3 hackade vitlöksklyftor

INSTRUKTIONER:
a) Applicera ett litet lager med färskost på varje prosciuttoskiva.
b) Linda sedan en skiva prosciutto runt varje pilgrimsmussla och fäst den med en tandpetare.
c) Värm olivoljan i en stekpanna.
d) Koka vitlöken i 2 minuter i en stekpanna.
e) Lägg i pilgrimsmusslorna inlindade i folie och låt koka i 2 minuter på varje sida.
f) Vrid ur överflödig vätska med en pappershandduk.

45. Aubergine med honung

INGREDIENSER:
- 3 matskedar honung
- 3 auberginer
- 2 koppar mjölk
- 1 matsked salt
- 100 g mjöl

INSTRUKTIONER:
a) Skiva auberginema tunt.
b) Kombinera auberginema i en blandningsform. Häll tillräckligt med mjölk i bassängen för att helt täcka auberginema. Krydda med en nypa salt.
c) Låt dra i minst en timme.
d) Ta upp auberginema ur mjölken och ställ dem åt sidan. Belägg varje skiva med mjöl och en salt- och pepparblandning.
e) Värm olivoljan i en panna. Fritera aubergineskivorna i 180 grader.
f) Lägg de stekta auberginema på hushållspapper för att absorbera överflödig olja.
g) Ringla auberginerna med honung.
h) Servera omedelbart.

46.Rostad röd paprika och feta dip

INGREDIENSER:
- 1 kopp rostad röd paprika (från en burk), avrunnen
- 1/2 dl fetaost, smulad
- 2 matskedar extra virgin olivolja
- 1 tsk torkad oregano
- 1 vitlöksklyfta, finhackad

INSTRUKTIONER:

a) Blanda rostad röd paprika, fetaost, olivolja, hackad vitlök och oregano i en matberedare tills det är slätt.
b) Överför till en serveringsskål.
c) Servera med pitabröd eller grönsaksstavar.

47. Spansk-marockansk nötkebab

INGREDIENSER:
- ½ kopp apelsinjuice
- 2 tsk olivolja
- 1½ tesked citronsaft
- 1 tsk torkad oregano
- 10 uns benfritt magert nötkött, skuren i 2" kuber

INSTRUKTIONER:
a) För att göra marinaden, kombinera apelsinjuice, olivolja, citronsaft och torkad oregano i en skål.
b) Lägg till nötköttstärningarna i marinaden, rör om för att täcka. Kyl i minst 2 timmar eller över natten.
c) Förvärm grillen och täck gallret med non-stick matlagningsspray.
d) Trä marinerade nötköttstärningar på spett.
e) Grilla kebaben i 15-20 minuter, rotera och pensla med den reserverade marinaden ofta, tills den är färdig som du vill.
f) Servera varm.

48.Marockansk avokado hummus

INGREDIENSER:

- 1 kopp hummus
- 1 mogen avokado, tärnad
- 1 msk citronsaft
- 1 msk hackad färsk persilja
- 1 msk pinjenötter (valfritt)

INSTRUKTIONER:

a) I en skål, vik försiktigt tärnad avokado till hummus.
b) Ringla citronsaft över blandningen.
c) Strö över hackad persilja och pinjenötter.
d) Servera med fullkornskex eller gurkskivor.

49. Marockansk tomattoast

INGREDIENSER:
- 4 mogna tomater, tärnade
- 1/4 kopp färsk basilika, hackad
- 2 matskedar extra virgin olivolja
- 1 vitlöksklyfta, finhackad
- Salta och peppra efter smak

INSTRUKTIONER:
a) I en skål, kombinera tärnade tomater, hackad basilika, hackad vitlök och olivolja.
b) Krydda med salt och peppar.
c) Låt blandningen marinera i 15-20 minuter.
d) Häll tomatblandningen på rostade baguetteskivor.

50. Knasig italiensk popcornmix

INGREDIENSER:
- 10 koppar Poppad popcorn
- 3 koppar Bugelformade majssnacks
- ¼ kopp Margarin eller smör
- 1 tesked Italiensk smaksättning
- ⅓ kopp parmesanost

INSTRUKTIONER:
a) Kombinera popcorn och majssnacks i en stor skål som kan användas i mikrovågsugn.
b) I en 1-kopps mikrosäker åtgärd, kombinera de återstående ingredienserna, förutom osten.
c) Mikrovågsugn i 1 minut på HÖG, eller tills margarinet smälter; Vispa. Häll popcornblandningen ovanpå.
d) Rör om tills allt är lika täckt. Ugn utan lock i mikrovågsugn i 2-4 minuter tills det är rostat, rör om varje minut. Parmesanost ska strö ovanpå.
e) Servera varm.

51.Röd paprika och feta dip

INGREDIENSER:
- 1 kopp rostad röd paprika (köpt i butik eller hemgjord)
- ½ kopp fetaost, smulad
- 1 vitlöksklyfta, finhackad
- 1 tsk citronsaft
- Salta och peppra efter smak

INSTRUKTIONER:
a) I en matberedare, blanda alla ingredienser till en slät smet.
b) Servera dippen med fullkorns pitabröd.

52. Marockansk Hummus Dip

INGREDIENSER:
- 1 kopp hummus
- 2 matskedar extra virgin olivolja
- 1 tsk paprika
- 1 msk hackad färsk persilja
- 1 vitlöksklyfta, finhackad

INSTRUKTIONER:
a) Blanda hummus och hackad vitlök i en skål.
b) Ringla olivolja över hummusen.
c) Strö paprika och hackad persilja på toppen.
d) Servera med pitabröd eller färska grönsaksstavar.

53.Feta och olivtapenad

INGREDIENSER:
- 1 kopp Kalamata oliver, urkärnade
- 1 dl fetaost, smulad
- 2 matskedar extra virgin olivolja
- 1 tsk torkad oregano
- Skal av 1 citron

INSTRUKTIONER:
a) Kombinera oliver, fetaost, olivolja och oregano i en matberedare.
b) Pulsera tills blandningen når önskad konsistens.
c) Rör ner citronskal.
d) Servera med kex eller skivad baguette.

54.Marockanska fyllda druvblad

INGREDIENSER:
- 1 burk druvblad, avrunna
- 1 kopp kokt quinoa
- 1/2 dl smulad fetaost
- 1/4 kopp Kalamata oliver, hackade
- 2 matskedar extra virgin olivolja

INSTRUKTIONER:
a) Blanda kokt quinoa, fetaost och hackade Kalamata-oliver i en skål.
b) Lägg ett druvblad på en plan yta, tillsätt en sked av quinoablandningen och rulla till en tät cylinder.
c) Upprepa tills alla druvblad är fyllda.
d) Ringla olivolja över de fyllda druvbladen.
e) Servera kyld.

HUVUDRÄTT

55.Marockansk Chicken Traybake

INGREDIENSER:
- 200 g babymorötter
- 2 rödlökar, skalade och var och en skuren i 8 klyftor
- 2 matskedar olivolja
- 2 matskedar ras-el-hanout
- 200 ml kycklingfond
- 150 g couscous
- 4 kycklingbröst, skinn på
- 2 zucchini
- 1 x 400 g burk kikärter, avrunna och sköljda
- 50 ml vatten
- 4 msk hackad koriander
- Citronsaft, efter smak
- 15 g nibbade pistagenötter, grovt hackade
- Havssalt och nymalen svartpeppar
- Rosenblad, att servera (valfritt)

INSTRUKTIONER:
a) Värm ugnen till 220°C/200°C fläkt/gas 7.
b) Tvätta babymorötterna, skär eventuella större i halvor på längden. Lägg i en stor långpanna med löken. Ringla över 1 msk olivolja och strö över 1 msk ras-el-hanout tills den är jämnt täckt. Sätt in i ugnen i 10 minuter.
c) Häll kycklingfonden i en liten kastrull, ställ över medelhög värme och låt koka upp. Lägg couscousen i en skål med lite salt och peppar. Häll den heta fonden över, täck med hushållsfilm och ställ åt sidan för att absorbera vätskan.
d) Riva kycklingskinnet med en vass kniv, krydda sedan med salt och peppar och strö över ½ msk ras-el-hanout.
e) Skär varje zucchini i fjärdedelar på längden och sedan i 5 cm långa längder, strö sedan över den återstående ½ msk ras-el-hanout. Ta ut plåten från ugnen och tillsätt zucchini och kikärter. Lägg kycklingbrösten ovanpå och ringla över den återstående matskeden olivolja. Tillsätt vattnet i botten av pannan och sätt tillbaka till ugnen på hög hyllan i 15 minuter.
f) Ta under tiden upp couscousen och fluffa upp den med en gaffel. Rör ner koriandern, tillsätt sedan citronsaft och salt och peppar efter smak.
g) Ta ut stekplåten från ugnen och strö över pistagenötter och rosenblad (om du använder). Ta fram till bordet och servera direkt från brickan.

56.Marockansk kikärttagine

INGREDIENSER:

- 2 matskedar olivolja
- 1 lök, tärnad
- 3 vitlöksklyftor, hackade
- 1 tsk malen spiskummin
- 1 tsk mald koriander
- ½ tsk mald kanel
- ½ tesked mald ingefära
- ¼ tesked cayennepeppar (valfritt, för värme)
- 1 burk (14 uns) tärnade tomater
- 2 dl kokta kikärter (eller 1 burk, avrunna och sköljda)
- 1 dl grönsaksbuljong
- 1 kopp tärnade morötter
- 1 kopp tärnad potatis
- ½ kopp hackade torkade aprikoser
- ¼ kopp hackad färsk koriander (plus mer till garnering)
- Salta och peppra efter smak

INSTRUKTIONER:
a) Värm olivoljan på medelvärme i en stor gryta eller tagine. Tillsätt den hackade löken och den hackade vitlöken och fräs tills löken blir genomskinlig och doftande.
b) Tillsätt mald spiskummin, mald koriander, mald kanel, mald ingefära och cayennepeppar (om du använder den) i grytan. Rör om väl för att täcka löken och vitlöken med kryddorna.
c) Häll i de tärnade tomaterna (med deras juice) och rör om så att de kombineras med kryddorna.
d) Tillsätt de kokta kikärtorna, grönsaksbuljongen, tärnade morötter, tärnad potatis och hackade torkade aprikoser i grytan. Rör om så att alla ingredienser ingår.
e) Koka upp blandningen och sänk sedan värmen till låg. Täck grytan och låt sjuda i cirka 45 minuter till 1 timme, eller tills grönsakerna är mjuka och smakerna har smält samman.
f) Rör ner den hackade färska koriandern och smaka av med salt och peppar.
g) Sjud taginen i ytterligare 5 minuter så att smakerna blandas.
h) Servera den marockanska kikärttaginen i skålar, garnerad med ytterligare hackad färsk koriander.

57. Marockansk kikärtsgryta

INGREDIENSER:
- 1 msk olivolja
- 1 lök, tärnad
- 2 vitlöksklyftor, hackade
- 1 morot, tärnad
- 1 röd paprika, tärnad
- 1 tsk malen spiskummin
- 1 tsk mald koriander
- ½ tsk mald gurkmeja
- ½ tsk mald kanel
- 1 burk (14 uns) tärnade tomater
- 2 dl kokta kikärter (eller 1 burk, sköljda och avrunna)
- 2 dl grönsaksbuljong med låg natriumhalt
- Salta och peppra efter smak
- Färsk koriander eller persilja, hackad, till garnering

INSTRUKTIONER:
a) Värm olivoljan på medelvärme i en stor gryta. Tillsätt lök, vitlök, morot och röd paprika. Koka tills grönsakerna är mjuka.
b) Tillsätt spiskummin, koriander, gurkmeja och kanel i grytan. Rör om väl för att täcka grönsakerna med kryddorna.
c) Häll i de tärnade tomaterna, kikärtorna och grönsaksbuljongen. Krydda med salt och peppar efter smak.
d) Koka upp grytan, sänk sedan värmen och låt sjuda i 15-20 minuter så att smakerna smälter samman.
e) Servera den marockanska kikärtsgrytan garnerad med färsk koriander eller persilja.

58. Marockansk-kryddade kikärtsskålar

INGREDIENSER:
- 3 matskedar (45 ml) avokado eller extra virgin olivolja, delad
- ½ medelstor lök, tärnad
- 2 vitlöksklyftor, hackade
- 2 teskedar (4 g) harissa
- 1 tsk (5 g) tomatpuré
- 2 teskedar (4 g) mald spiskummin
- 1 tsk (2 g) paprika
- ½ tsk mald kanel
- Kosher salt och nymalen svartpeppar
- 2 koppar (400 g) kikärter, avrunna
- 1 (14-ounce, eller 392 g) burk tärnade tomater
- ¾ kopp (125 g) bulgur
- 1½ koppar (355 ml) vatten
- 8 packade koppar (560 g) strimlad grönkål
- 2 avokado, skalade, urkärnade och tunt skivade
- 4 pocherade ägg
- 1 recept Mintyoghurtsås

INSTRUKTIONER:

a) Värm 2 matskedar (30 ml) av oljan i en stekpanna på medelvärme tills den skimrar. Tillsätt löken och koka, rör om då och då, tills den är mjuk och doftande, cirka 5 minuter. Rör ner vitlök, harissa, tomatpuré, spiskummin, paprika, kanel, salt och peppar och koka i 2 minuter. Rör ner kikärtorna och tomaterna. Koka upp, sänk sedan värmen till låg och låt sjuda i 20 minuter. Förbered under tiden bulguren.

b) Kombinera bulgur, vatten och en generös nypa salt i en medelstor kastrull. Koka upp. Sänk värmen till låg, täck över och låt sjuda tills de är mjuka, 10 till 15 minuter.

c) Värm den återstående 1 matskeden (15 ml) oljan i en stekpanna på medelvärme tills den skimrar. Tillsätt grönkålen och smaka av med salt. Koka, rör om då och då, tills de är mjuka och vissnade, cirka 5 minuter.

d) För att servera, dela bulguren mellan skålar. Toppa med kikärter och tomater, grönkål, avokado och ett ägg. Ringla över mintyoghurtsås.

59. Marockansk bräserad lammaxel med aprikos

INGREDIENSER:
- 3 pund benfri lammaxel, skuren i 1½ till 2-tums bitar
- Kosher salt och nymalen svartpeppar
- Extra virgin olivolja
- 1 gul lök, medelstor tärnad
- 1 morot, skalad och skuren i ½ tum tjocka rundlar
- 4 vitlöksklyftor, hackade
- 1 (1-tums) bit ingefära, skalad och finhackad
- 2 msk ras el hanout
- 1 (14 till 15 ounce) burk tärnade tomater
- 1 dl kycklingfond
- ½ kopp vatten
- ½ kopp torkade aprikoser eller urkärnade dadlar, hackade
- Saften av ½ citron
- ¼ kopp blancherad mandel, rostad och grovt hackad, till garnering
- ¼ kopp hela korianderblad, till garnering

INSTRUKTIONER:

a) Bryn lammet. Värm ugnen till 325°F. Krydda lammet med 1 msk salt och 1½ tsk peppar. I en holländsk ugn, värm 1 matsked olivolja på medelhög tills den är varm. Arbeta i omgångar och tillsätt mer olja efter behov, tillsätt lammet i ett enda lager. Koka, vänd då och då, i 10 till 15 minuter per sats, tills den fått en bra färg på alla sidor. Överför till en tallrik.

b) Koka grönsakerna. Kasta bort allt utom 1 msk fett från grytan. Tillsätt lök, morot, vitlök och ingefära. Koka, rör om ibland och skrapa upp eventuella brynta bitar (fond) från botten av grytan, i 1 till 2 minuter, tills löken mjuknat något. Lägg till ras el hanout. Koka, rör om ofta, i cirka 1 minut, tills det doftar. Lägg tillbaka lammet i grytan tillsammans med eventuell ackumulerad juice och rör om kort för att täcka in kryddorna.

c) Bräsera lammet. Tillsätt tomaterna och deras juice och rör om för att kombinera. Krydda med salt och peppar. Tillsätt fonden och vattnet och rör om så att det blandas ordentligt. Värm till en sjud på medelhög. Ta av från värmen och toppa med en bakplåtspapperscirkel. Täck över och överför till ugnen. Bräsera i ca 1 timme och 45 minuter tills lammet är väldigt mört.

d) Avsluta bräseringen. Ta bort från ugnen; kasta pergamentcirkeln. Rör ner aprikoserna och låt stå i 10 till 15 minuter, tills aprikoserna är fylliga. Rör ner citronsaften. Överför lammet till ett serveringsfat. Garnera med mandel och korianderblad och servera.

60.Marockanska lamm- och harissaburgare

INGREDIENSER:
- 500 g lammfärs
- 2 msk harissapasta
- 1 msk spiskummin
- 2 klasar arvegods morötter
- 1/2 knippe mynta, blad plockade
- 1 msk rödvinsvinäger
- 80g röd Leicesterost, grovriven
- 4 fröade briochebullar, delade
- 1/3 kopp (65 g) keso

INSTRUKTIONER:
a) Klä en bakplåt med bakplåtspapper. Lägg färsen i en skål och krydda rikligt. Tillsätt 1 msk harissa och blanda väl med rena händer.
b) Forma lammblandningen till 4 biffar och strö över spiskummin. Lägg på förberedd plåt, täck över och kyl tills de behövs (låt biffarna få rumstemperatur före tillagning).
c) Blanda under tiden morot, mynta och vinäger i en skål och ställ åt sidan för att sylta lite.
d) Värm en grill eller chargrillpanna till medelhög värme. Grilla biffarna i 4-5 minuter på varje sida eller tills en bra skorpa bildats. Toppa med ost, täck sedan (använd folie om du använder en grillpanna) och koka, utan att vända, i ytterligare 3 minuter eller tills osten har smält och biffarna är genomstekta.
e) Grilla briochebullar, med snittsidan nedåt, i 30 sekunder eller tills de är lätt rostade. Dela keso mellan bullbottnar, toppa sedan med inlagd morotsblandning.
f) Tillsätt biffar och resterande 1 msk harissa. Sätt på locken, kläm till så att harissan sipprar ner på sidorna och fastnar i.

61. Ris- och kikärtsbaka i marockansk stil

INGREDIENSER:
- Olivolja matlagning spray
- 1 kopp långkornigt brunt ris
- 2 ¼ dl kycklingfond
- 1 (15,5-ounce) burk kikärter, avrunna och sköljda
- ½ kopp tärnad morot
- ½ kopp gröna ärtor
- 1 tsk malen spiskummin
- ½ tsk mald gurkmeja
- ½ tesked mald ingefära
- ½ tsk lökpulver
- ½ tsk salt
- ¼ tesked mald kanel
- ¼ tesked vitlökspulver
- ¼ tesked svartpeppar
- Färsk persilja, till garnering

INSTRUKTIONER:
a) Förvärm airfryern till 380°F. Belägg lätt insidan av en 5-kopps grytform med matlagningsspray med olivolja. (Formen på grytan beror på storleken på fritösen, men den måste kunna rymma minst 5 koppar.)
b) Kombinera ris, fond, kikärter, morot, ärtor, spiskummin, gurkmeja, ingefära, lökpulver, salt, kanel, vitlökspulver och svartpeppar i en gryta. Rör om väl för att kombinera.
c) Täck löst med aluminiumfolie.
d) Placera den täckta grytan i airfryern och grädda i 20 minuter. Ta bort från airfryern och rör om väl.
e) Sätt tillbaka grytan i airfryern utan lock och grädda i 25 minuter till.
f) Fluffa med en sked och strö över färsk hackad persilja innan servering.

62.Marockanska lax- och hirsskålar

INGREDIENSER:
- ¾ kopp (130 g) hirs
- 2 koppar (470 ml) vatten
- Kosher salt och nymalen svartpeppar
- 3 matskedar (45 ml) avokado eller extra virgin olivolja, delad
- ½ kopp (75 g) torkade vinbär
- ¼ kopp (12 g) finhackad färsk mynta
- ¼ kopp (12 g) finhackad färsk persilja
- 3 medelstora morötter
- 1½ matskedar (9 g) harissa
- 1 tesked (6 g) honung
- 1 vitlöksklyfta, finhackad
- ½ tsk malen spiskummin
- ½ tsk mald kanel
- 4 (4- till 6-ounce, 115 till 168 g) laxfiléer
- ½ medelstor engelsk gurka, hackad
- 2 förpackade koppar (40 g) ruccola
- 1 recept Mintyoghurtsås

INSTRUKTIONER:
a) Värm ugnen till 425°F (220°C, eller gasmark 7).
b) Tillsätt hirsen i en stor, torr kastrull och rosta på medelvärme tills den är gyllenbrun, 4 till 5 minuter. Tillsätt vattnet och en rejäl nypa salt. Vattnet sprattlar men lägger sig snabbt.
c) Koka upp. Sänk värmen till låg, rör i 1 matsked (15 ml) av oljan, täck över och låt sjuda tills det mesta av vattnet har absorberats, 15 till 20 minuter. Ta av från värmen och ånga i grytan i 5 minuter. När det svalnat, rör ner vinbär, mynta och persilja.
d) Skala och skär under tiden morötterna i ½-tums (1,3 cm) tjocka rundlar. Vispa ihop 1½ matskedar (23 ml) olja, harissa, honung, vitlök, salt och peppar i en medelstor skål. Tillsätt morötterna och blanda ihop.
e) Bred ut i ett jämnt lager på ena sidan av en bakplåtspappersklädd kantad plåt. Rosta morötterna i 12 minuter.
f) Vispa ihop den återstående ½ msk (7 ml) oljan, spiskummin, kanel och ½ tsk salt i en liten skål. Pensla över laxfiléerna.
g) Ta bort bakplåten från ugnen. Vänd morötterna och lägg sedan laxen på andra sidan. Rosta tills laxen är genomstekt och lätt flagnar, 8 till 12 minuter beroende på tjocklek.
h) För att servera, dela den örtiga hirsen mellan skålar. Toppa med en laxfilé, rostade morötter, gurka och ruccola och ringla över mintyoghurtsås.

63.Favabönor och köttgryta

INGREDIENSER:
- 1 pund magert nötkött
- Eller lamm; skära
- I medelstora bitar
- Salt och peppar
- 1 tesked Ingefära
- ½ tesked Gurkmeja
- 4 vitlöksklyftor; krossad
- 1 stor lök; finhackat
- ½ kopp Finhackade färska korianderblad
- 1½ kopp vatten
- 4 matskedar olivolja
- 2 koppar färska favabönor
- Eller 19-oz konserverade favas; dränerad
- 5 matskedar Citron juice
- ½ kopp urkärnade svarta oliver; frivillig

INSTRUKTIONER:

a) I en gryta, lägg köttet, salt, peppar, ingefära, gurkmeja, vitlök, lök, koriander (koriander), vatten och olja; täck sedan över och koka på medelvärme tills köttet är mört. (90 minuter eller mer)

b) Tillsätt favabönorna och fortsätt koka tills bönorna är mjuka.

c) Rör ner citronsaften. Lägg i en serveringsskål och dekorera med oliver.

64. Marockansk lamm chili

INGREDIENSER:
- 2 kg malet lamm
- 2 msk olivolja
- 1 stor lök, hackad
- 4 vitlöksklyftor, hackade
- 2 röda paprikor, hackade
- 1 burk (28 oz) tärnade tomater, odränerade
- 2 burkar (15 oz vardera) kikärter, avrunna och sköljda
- 2 msk harissapasta
- 1 tsk mald kanel
- 1/2 tsk mald ingefära
- Salta och peppra, efter smak

INSTRUKTIONER:
a) Hetta upp olivolja i en stor gryta på medelhög värme.
b) Tillsätt lök och vitlök och fräs tills löken är genomskinlig.
c) Tillsätt malet lamm och koka tills det får färg.
d) Tillsätt röd paprika och fortsätt koka i 5 minuter.
e) Tillsätt tärnade tomater, kikärter, harissapasta, kanel, ingefära, salt och peppar.
f) Koka upp, sänk sedan värmen till låg och låt sjuda i 30 minuter.
g) Servera varmt och njut!

65.Favabönpuré - bissara

INGREDIENSER:
- 2 koppar stora torra favabönor; blötlagd över natten
- Och dränerad
- 3 vitlöksklyftor; krossad
- Salt; att smaka
- ½ kopp olivolja
- 8 koppar vatten
- 5 matskedar citronsaft
- 2 tsk spiskummin
- 1 tsk paprika
- ½ tsk chilipulver
- ½ dl hackad persilja

INSTRUKTIONER:
a) Lägg favabönorna, vitlöken, saltet, 4 matskedar av olivoljan och vattnet i en kastrull; koka sedan på medelvärme tills bönorna är mjuka.
b) Placera bönorna i en matberedare och bearbeta tills de är slät, återgå sedan till grytan. Tillsätt citronsaft och spiskummin och koka i 5 minuter på låg värme.
c) Häll upp på ett serveringsfat. Häll den återstående olivoljan jämnt över toppen; strö sedan över paprika- och chilipulvret.
d) Garnera med persiljan och servera.

66.Lamm och päron tagine

INGREDIENSER:

- 2 medium Lök; skalade och skivade
- 1 matsked olivolja; ljus
- 6 uns Lamm; tärnad, trimmad
- 1 matsked Madeira
- ½ tesked Mald kummin
- ½ tesked Mald koriander
- ½ tesked Riven ingefärsrot
- ¼ tesked Mald kanel; eller mer om så önskas
- ½ tsk Malen svartpeppar
- 1½ kopp kallt vatten; eller att täcka
- 1 tsk honung
- 1 stort Bosc-päron; kärna ur och sektionerad, sedan hackad i 1/2"-bitar, (skal kvar på)
- ¼ kopp gyllene kärnfria russin ELLER sultanor
- 2 matskedar   Skivad mandel; rostat
- Salt och peppar; att smaka
- 1½ kopp kokt ris; mixad med
- 1 tsk hackad färsk basilika
- 1⅓ kopp skivade morötter; ångad

INSTRUKTIONER:

a) Fräs löken försiktigt i olivoljan i en stor kastrull tills den är mjuk och söt (20 min). Lägg i köttet i pannan och koka tills det ändrar färg. Tillsätt kryddorna; rör om tills den är varm och torr. Tillsätt vinet och bränn snabbt av det. Tillsätt sedan kallt kranvatten så att det precis täcker köttet. Täck över och låt sjuda försiktigt tills köttet är mört, ca 45 min.

b) Avslöja. Tillsätt päronen i köttet tillsammans med sultanerna och mandeln (värms kort i torr stekpanna). Sjud i ytterligare 10 till 15 minuter eller tills päronen är mjuka men inte för mjuka. Smaka av och justera salt och peppar.

c) Om såsen verkar för tunn, tjockna med pilrot eller potatisstärkelse. Servera på ris med morötter vid sidan av.

67.Marrakesh ris och linssoppa

INGREDIENSER:
- ¼ kopp linser; blötlagd över natten
- 7 koppar vatten
- 2 matskedar Olivolja
- ½ kopp Finhackade färska korianderblad
- 1 tesked Paprika
- ½ kopp ris; sköljda
- Salt och peppar
- ½ tesked spiskummin
- 1 bit chilipulver
- 2 matskedar Mjöl; upplöst i
- ½ kopp vatten
- ¼ kopp citronsaft

INSTRUKTIONER:

a) Linser kräver inte blötläggning; och vi brukar sortera och tvätta dem innan de används. Om de är blötlagda kan vi halvera tillagningstiden.
b) I en kastrull, lägg linserna och deras blötläggningsvatten, olivolja, korianderblad och paprika. Koka upp på hög värme.
c) Täck över och koka över medelvärme i 25 minuter; tillsätt sedan de återstående ingredienserna förutom mjölblandningen och citronsaften och koka i ytterligare 20 minuter eller tills riskornen är mjuka men fortfarande hela.
d) Ta av från värmen och rör långsamt ner mjölpasta och citronsaft.
e) Återställ till värmen och låt koka upp. Servera omedelbart.

68.Tjock kikärts- och köttsoppa / hareera

INGREDIENSER:
- ¼ pund Kikärtor; blötlagd över natten
- ½ kopp smör
- 2 koppar hackad lök; dividerat
- Salt och peppar
- ½ pund Lamm- eller nötköttsben
- 1 nypa kanel
- 1 nypa saffran
- 3 liter vatten
- ½ kopp Finhackade färska korianderblad
- 2 dl tomatjuice
- 1 kopp ris; sköljda
- 3 matskedar Mjöl
- ½ kopp finhackad färsk persilja
- ¼ kopp citronsaft; frivillig

INSTRUKTIONER:
a) Dela kikärtorna och ta bort skalet. Avsätta.
b) Smält smöret i en kastrull och tillsätt sedan 1 kopp av löken, salt och peppar. Fräs på medelvärme tills löken blir ljusbrun.
c) Skär köttet från benen och tärna det. Rör ner det tärnade köttet och benen i pannan och fräs vidare tills köttet blir ljusbrunt. Tillsätt den återstående koppen lök, kikärtorna, kanelen, saffran och 1 liter av vattnet och koka tills kikärtorna är klara. Rör ner 1 matsked av korianderbladen och koka i ytterligare 5 minuter. Avsätta.
d) I en annan gryta, koka de återstående två liter vatten, tomatjuice, salt och peppar i 5 minuter. Tillsätt riset och koka upp igen; sänk sedan värmen och låt sjuda tills riset är klart.
e) Blanda mjölet med 3 matskedar kallt vatten för att göra en tunn pasta. Rör sakta ner pastan i risblandningen. Tillsätt resten av koriandern och persiljan. Koka i ytterligare 5 minuter. Kombinera kött- och risblandningarna och servera.

69.Marockansk Quinoaskål

INGREDIENSER:
- 1 kopp kokt quinoa
- 1 dl körsbärstomater, halverade
- 1 gurka, tärnad
- ½ kopp kikärter, avrunna och sköljda
- ¼ kopp Kalamata oliver, skivade

INSTRUKTIONER:
a) I en skål, kombinera kokt quinoa, körsbärstomater, gurka, kikärter och Kalamata-oliver.
b) Blanda ihop ingredienserna.
c) Garnera med färsk persilja.
d) Servera i rumstemperatur eller kyld.

70.Kyckling Marsala

INGREDIENSER:
- ¼ kopp mjöl
- Salta och peppra efter smak
- 4 benfria kycklingbröst, bankade
- ¼ kopp smör
- 1 kopp marsala

INSTRUKTIONER:
a) Blanda mjöl, salt och peppar i en blandningsskål.
b) Muddra de krossade kycklingbrösten i mjölblandningen.
c) Smält smöret i en stor stekpanna.
d) Koka de muddrade kycklingbrösten i 4 minuter på varje sida.
e) Tillsätt marsala i samma stekpanna och koka kycklingen i ytterligare 10 minuter på låg värme.
f) Överför den kokta kycklingen till en serveringsfat.

71.Marockansk Veggie Wrap

INGREDIENSER:
- 1 fullkornswrap eller tunnbröd
- 2 msk hummus
- ½ kopp blandad grönsallad
- ¼ kopp gurka, tunt skivad
- ¼ kopp körsbärstomater, halverade

INSTRUKTIONER:
a) Fördela hummus jämnt över hela kornfolien.
b) Varva blandade salladsgrönsaker, gurka och körsbärstomater.
c) Rulla ihop wrapen hårt och skär den på mitten.

72. Vitlök Cheddar Kyckling

INGREDIENSER:
- ¼ kopp smör
- ½ dl riven parmesanost
- ½ kopp Panko ströbröd
- 1 ¼ koppar skarp cheddarost
- 8 kycklingbröst

INSTRUKTIONER:
a) Värm ugnen till 350 grader Fahrenheit.
b) Smält smöret i en stekpanna och koka den hackade vitlöken i 5 minuter.
c) I en stor blandningsskål, kombinera parmesanost, Panko ströbröd, cheddarost, italiensk krydda, salt och peppar.
d) Doppa varje kycklingbröst i det smälta smöret och täck sedan med ströbrödsblandningen.
e) Lägg varje belagd kycklingbröst i en ugnsform.
f) Ringla eventuellt kvarvarande smör över toppen.
g) Värm ugnen till 350°F och grädda i 30 minuter.
h) För ytterligare krispighet, ställ under broilern i 2 minuter.

73. Räkor med Pesto gräddsås

INGREDIENSER:
- 1 paket linguinepasta
- 1 matsked olivolja
- 1 kopp skivad svamp
- ½ kopp tung grädde
- 1 kopp pesto

INSTRUKTIONER:

a) Koka pastan enligt anvisningarna på förpackningen och låt den rinna av.

b) Värm olivolja i en stekpanna och koka skivad svamp i 5 minuter.

c) Rör ner tjock grädde, smaka av med salt, peppar och cayennepeppar och låt sjuda i 5 minuter.

d) Tillsätt riven Pecorino Romano och vispa tills den smält.

e) Blanda i pesto och kokta räkor och koka sedan i ytterligare 5 minuter.

f) Belägg den kokta pastan med såsen.

74. Spansk Ratatouille

INGREDIENSER:
- 1 medelstor lök (skivad eller hackad)
- 1 vitlöksklyfta
- 1 Zucchini (hackad)
- 1 burk tomater (hackade)
- 3 matskedar olivolja

INSTRUKTIONER:
a) I en kastrull, häll olivoljan.
b) Häll i löken. Låt 4 minuters stektid på medelvärme.
c) Häll i vitlöken och fortsätt steka i ytterligare 2 minuter.
d) Tillsätt hackad zucchini och tomater i pannan. Smaka av med salt och peppar.
e) Koka i 30 minuter eller tills den är klar.
f) Garnera med färsk persilja, om så önskas.
g) Servera med ris eller rostat bröd som tillbehör.

75. Räkor med fänkål

INGREDIENSER:
- 2 vitlöksklyftor (skivade)
- 2 msk olivolja
- 1 fänkålslök
- 600 g körsbärstomater
- 15 stora räkor, skalade

INSTRUKTIONER:

a) Värm oljan i en stor kastrull. Fräs skivad vitlök tills den är gyllenbrun.

b) Tillsätt fänkål i pannan och koka i 10 minuter på låg värme.

c) I en stor blandningsskål, kombinera tomater, salt, peppar, manzanilla sherry och vitt vin. Koka upp i 7 minuter tills såsen tjocknar.

d) Lägg skalade räkor ovanpå och koka i 5 minuter eller tills räkorna blir rosa.

e) Garnera med bladpersilja.

f) Servera med en sida av bröd.

76.Ugnsbakad marockansk lax

INGREDIENSER:
- 4 laxfiléer
- 2 matskedar olivolja
- 2 msk citronsaft
- 2 vitlöksklyftor, hackade
- 1 tsk torkad oregano

INSTRUKTIONER:

a) Värm ugnen till 400°F (200°C).

b) Blanda olivolja, citronsaft, hackad vitlök, torkad oregano, salt och peppar i en liten skål.

c) Lägg laxfiléerna på en bakplåtspappersklädd plåt.

d) Pensla laxen med olivoljeblandningen.

e) Grädda i den förvärmda ugnen i 20-25 minuter, eller tills laxen är genomstekt.

f) Servera den bakade marockanska laxen över en bädd av dina favoritkorn eller tillsammans med en fräsch sallad.

77. Vit bönsoppa

INGREDIENSER:
- 1 hackad lök
- 2 msk olivolja
- 2 hackade selleristjälkar
- 3 hackade vitlöksklyftor
- 4 koppar cannellinibönor på burk

INSTRUKTIONER:
a) Värm oljan i en stor panna.
b) Koka sellerin och löken i ca 5 minuter.
c) Tillsätt den hackade vitlöken och rör om för att kombinera. Koka i ytterligare 30 sekunder.
d) Släng i de konserverade cannellinibönorna, 2 dl kycklingbuljong, rosmarin, salt och peppar, samt broccolin.
e) Koka upp vätskan och sänk sedan till låg värme i 20 minuter.
f) Mixa soppan med en stavmixer tills den når önskad släthet.
g) Sänk värmen till låg och strö över tryffeloljan.
h) Häll upp soppan i fat och servera.

78.S räkor gambas

INGREDIENSER:
- 1/2 kopp olivolja
- Saften av 1 citron
- 2 tsk havssalt
- 24 medelstora räkor, i skalet med intakta huvuden

INSTRUKTIONER:

a) Kombinera olivoljan, citronsaften och saltet i en blandningsskål och vispa tills det är helt blandat. För att lätt belägga räkorna, doppa dem i blandningen i några sekunder.

b) Värm oljan på hög värme i en torr stekpanna. Arbeta i omgångar, lägg till räkorna i ett enda lager utan att tränga ihop pannan när den är väldigt varm. 1 minuts bränning

c) Sänk värmen till medel och koka ytterligare en minut. Öka värmen till hög och fräs räkorna i ytterligare 2 minuter, eller tills de är gyllene.

d) Håll räkorna varma i låg ugn på en ugnssäker plåt.

e) Koka resterande räkor på samma sätt.

79.Grillad citronörtskyckling

INGREDIENSER:
- 4 benfria, skinnfria kycklingbröst
- 2 citroner
- 2 matskedar olivolja
- 2 tsk torkad oregano
- Salta och peppra efter smak

INSTRUKTIONER:
a) Förvärm grillen till medelhög värme.
b) Blanda saften av en citron, olivolja, torkad oregano, salt och peppar i en skål.
c) Lägg kycklingbrösten i en återförslutbar plastpåse och häll marinaden över dem. Förslut påsen och låt den marinera i minst 30 minuter.
d) Grilla kycklingen i ca 6-8 minuter per sida eller tills den är helt genomstekt.
e) Pressa saften av den återstående citronen över den grillade kycklingen innan servering.

80. Tomat och basilika pasta

INGREDIENSER:
- 8 oz fullkornsspaghetti
- 2 dl körsbärstomater, halverade
- 1/4 kopp färsk basilika, hackad
- 2 matskedar extra virgin olivolja
- 2 vitlöksklyftor, hackade

INSTRUKTIONER:

a) Koka spaghettin enligt anvisningarna på förpackningen.

b) I en stor skål, kombinera körsbärstomater, färsk basilika, olivolja och hackad vitlök.

c) Häll i den kokta spaghettin i skålen och blanda tills det är väl blandat.

d) Servera omedelbart, eventuellt garnerad med ytterligare färsk basilika.

81.Ugnsbakad lax med marockansk salsa

INGREDIENSER:
- 4 laxfiléer
- 1 dl körsbärstomater, tärnade
- 1/2 gurka, tärnad
- 1/4 kopp Kalamata oliver, skivade
- 2 matskedar extra virgin olivolja
- 1 msk färsk citronsaft

INSTRUKTIONER:
a) Värm ugnen till 400°F (200°C).
b) Lägg laxfiléerna på en bakplåtspappersklädd plåt.
c) I en skål, kombinera de tärnade körsbärstomaterna, gurkan, oliverna, olivoljan och citronsaften för att göra salsan.
d) Skeda salsan över laxfiléerna.
e) Grädda i 15-20 minuter eller tills laxen är genomstekt.

82. Kikärts- och spenatgryta

INGREDIENSER:
- 2 burkar (15 oz vardera) kikärter, avrunna och sköljda
- 1 lök, hackad
- 3 vitlöksklyftor, hackade
- 1 burk (14 oz) tärnade tomater
- 4 dl färsk spenat
- Salta och peppra efter smak

INSTRUKTIONER:

a) Fräs den hackade löken och vitlöken i en stor kastrull tills den är mjuk.

b) Tillsätt kikärtorna och de tärnade tomaterna med saften. Blanda väl.

c) Sjud i 15-20 minuter, låt smakerna smälta.

d) Tillsätt den färska spenaten och koka tills den vissnat.

e) Smaka av med salt och peppar innan servering.

83. Citron Vitlök Räkspett

INGREDIENSER:
- 1 pund stora räkor, skalade och deveirade
- 3 matskedar olivolja
- 3 vitlöksklyftor, hackade
- Skal av 1 citron
- 2 msk färsk persilja, hackad

INSTRUKTIONER:

a) Förvärm grillen eller grillpannan.

b) Blanda olivolja, hackad vitlök, citronskal och hackad persilja i en skål.

c) Trä upp räkor på spett och pensla med citron-vitlöksblandningen.

d) Grilla räkspetten i 2-3 minuter per sida eller tills de är ogenomskinliga.

e) Servera med ytterligare citronklyftor.

84. Quinoasalladsskål

INGREDIENSER:
- 1 kopp quinoa, kokt
- 1 gurka, tärnad
- 1 dl körsbärstomater, halverade
- 1/2 dl fetaost, smulad
- 2 msk rödvinsvinäger

INSTRUKTIONER:
a) I en skål, kombinera kokt quinoa, gurka, körsbärstomater och fetaost.
b) Ringla över rödvinsvinäger och blanda ihop.
c) Servera som en uppfriskande quinoasalladsskål.

85.Aubergine och kikärtsgryta

INGREDIENSER:
- 1 stor aubergine, tärnad
- 1 burk (15 oz) kikärter, avrunna och sköljda
- 1 burk (14 oz) tärnade tomater
- 1 lök, hackad
- 2 matskedar olivolja

INSTRUKTIONER:

a) Fräs hackad lök i olivolja i en stor gryta tills den mjuknat.

b) Tillsätt tärnad aubergine, kikärter och tärnade tomater med saften.

c) Sjud i 20-25 minuter eller tills auberginen är mjuk.

d) Smaka av med salt och peppar innan servering.

86. Citron ört bakad torsk

INGREDIENSER:
- 4 torskfiléer
- Saften av 2 citroner
- 3 matskedar olivolja
- 2 tsk torkad timjan
- Salta och peppra efter smak

INSTRUKTIONER:
a) Värm ugnen till 400°F (200°C).
b) Lägg torskfiléerna i en ugnsform.
c) Blanda citronsaft, olivolja, torkad timjan, salt och peppar i en skål.
d) Häll blandningen över torskfiléerna.
e) Grädda i 15-20 minuter eller tills torsken lätt flagnar med en gaffel.

87. Marockansk linssallad

INGREDIENSER:
- 1 dl kokta linser
- 1 gurka, tärnad
- 1 dl körsbärstomater, halverade
- 1/4 kopp rödlök, finhackad
- 2 msk balsamvinägrett

INSTRUKTIONER:

a) I en stor skål, kombinera kokta linser, tärnad gurka, körsbärstomater och hackad rödlök.

b) Ringla över balsamvinägrett och blanda ihop.

c) Servera som en rejäl linssallad.

88.Spenat och fetaost fylld paprika

INGREDIENSER:
- 4 paprikor, halverade och kärnorna borttagna
- 2 dl färsk spenat, hackad
- 1 dl fetaost, smulad
- 1 burk (14 oz) tärnade tomater, avrunna
- 2 matskedar olivolja

INSTRUKTIONER:
a) Värm ugnen till 375°F (190°C).
b) Blanda hackad spenat, fetaost, tärnade tomater och olivolja i en skål.
c) Fyll varje paprikahalva med spenat- och fetablandningen.
d) Grädda i 25-30 minuter eller tills paprikorna är mjuka.

89.Räk- och avokadosallad

INGREDIENSER:
- 1 pund räkor, skalade och deveirade
- 2 avokado, tärnade
- 1 dl körsbärstomater, halverade
- 2 matskedar färsk koriander, hackad
- Saften av 1 lime

INSTRUKTIONER:
a) Koka räkor i en stekpanna tills de är rosa och ogenomskinliga.
b) I en skål, kombinera kokta räkor, tärnad avokado, körsbärstomater och hackad koriander.
c) Ringla över limejuice och blanda försiktigt för att kombinera.
d) Servera som en uppfriskande räk- och avokadosallad.

90. Italienska bakade kycklinglår

INGREDIENSER:
- 4 kycklinglår, med ben, skinn-på
- 1 burk (14 oz) tärnade tomater, odränerade
- 2 matskedar olivolja
- 2 tsk italiensk krydda
- Salta och peppra efter smak

INSTRUKTIONER:
a) Värm ugnen till 375°F (190°C).
b) Lägg kycklinglåren i en ugnsform.
c) Blanda tärnade tomater, olivolja, italiensk krydda, salt och peppar i en skål.
d) Häll tomatblandningen över kycklinglåren.
e) Grädda i 35-40 minuter eller tills kycklingen når en innertemperatur på 165°F (74°C).

91.Quinoa fyllda paprika

INGREDIENSER:
- 4 paprikor, halverade och kärnorna borttagna
- 1 kopp kokt quinoa
- 1 burk (15 oz) svarta bönor, avrunna och sköljda
- 1 kopp majskärnor (färska eller frysta)
- 1 kopp salsa

INSTRUKTIONER:
a) Värm ugnen till 375°F (190°C).
b) Blanda kokt quinoa, svarta bönor, majs och salsa i en skål.
c) Häll quinoablandningen i varje paprikahalva.
d) Grädda i 25-30 minuter eller tills paprikorna är mjuka.

EFTERRÄTT

92. Marockansk apelsin & kardemumma tårta

INGREDIENSER:

- 2 apelsiner, skrubbade
- Frön av 6 gröna kardemummaskidor, krossade
- 6 stora ägg
- 200g förpackning mald mandel
- 50 g polenta
- 25g självjäsande mjöl
- 2 tsk bakpulver
- 1 msk flingad mandel
- Grekisk yoghurt eller grädde, att servera

INSTRUKTIONER:

a) Lägg hela apelsinerna i en kastrull, täck med vatten och koka i 1 timme tills en kniv lätt tränger igenom dem. Om det behövs, lägg ett litet kastrulllock direkt ovanpå för att hålla dem under vatten.

b) Ta bort apelsinerna, svalna och ta sedan bort kärnor och kärnor. Mixa till en grov puré med en stavmixer eller matberedare och lägg sedan i en stor skål.

c) Värm ugnen till 160C/140C fläkt/gas 3.

d) Klä botten och sidorna av en 21 cm lös botten kakform med bakplåtspapper.

e) Vispa ner kardemumma och ägg i apelsinpurén.

f) Blanda mald mandel med polenta, mjöl och bakpulver och vänd sedan ner i apelsinblandningen tills den är väl blandad.

g) Skrapa ner blandningen i formen, jämna till toppen och grädda i 40 minuter.

h) Efter 40 minuter, strö flingad mandel över kakan, återgå till ugnen och grädda i ytterligare 20-25 minuter tills ett spett som sticks in i mitten kommer ut rent.

i) Ta ur formen och låt svalna.

j) Servera skivad som tårta eller med grekisk yoghurt eller grädde som efterrätt.

93.Marockansk apelsinsorbet

INGREDIENSER:
- 4 koppar färsk apelsinjuice
- ½ kopp honung
- Skal av 1 apelsin
- 1 msk citronsaft

INSTRUKTIONER:

a) I en skål, kombinera färsk apelsinjuice, honung, apelsinskal och citronsaft. Rör om tills honungen är upplöst.

b) Häll blandningen i en glassmaskin och kärna enligt tillverkarens instruktioner.

c) När den har kärnats, överför sorbeten till en behållare med lock och frys i minst 2 timmar innan servering.

d) Skopa och njut!

94. Aprikos- och mandeltårta

INGREDIENSER:
- 1 plåt smördeg, tinad
- ½ kopp mandelmjöl
- ¼ kopp honung
- 1 tsk mandelextrakt
- 1 kopp färska aprikoser, skivade

INSTRUKTIONER:
a) Värm ugnen till 375°F (190°C). Kavla ut smördegen på en plåt.
b) Blanda mandelmjöl, honung och mandelextrakt i en skål.
c) Fördela mandelblandningen över smördegen.
d) Lägg skivade aprikoser ovanpå.
e) Grädda i 20-25 minuter eller tills degen är gyllenbrun.
f) Låt tårtan svalna innan den skärs upp.

95. Marockanskt bakade persikor

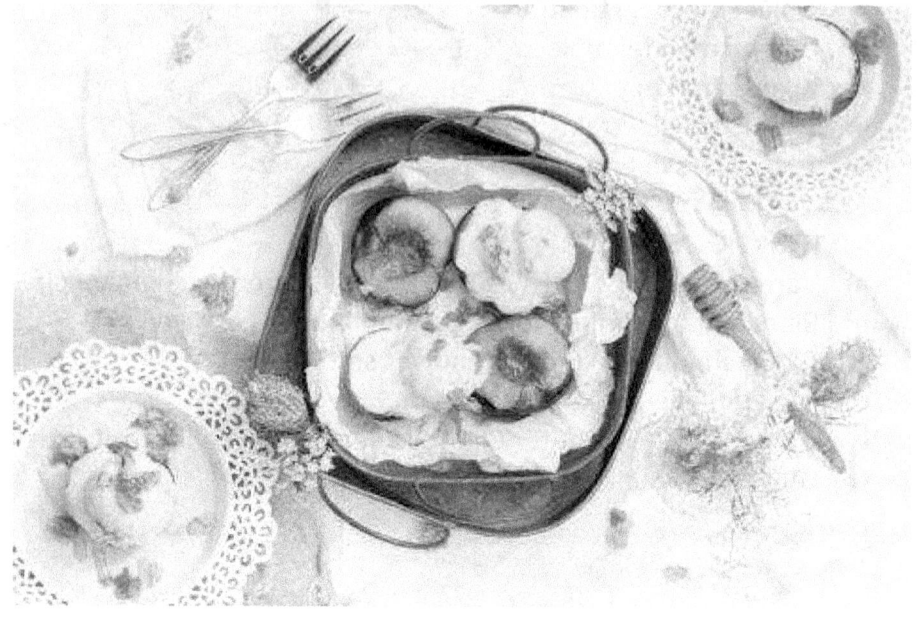

INGREDIENSER:
- 4 mogna persikor, halverade och urkärnade
- 2 matskedar honung
- ¼ kopp hackade valnötter eller mandel
- 1 tsk mald kanel
- 1 msk extra virgin olivolja

INSTRUKTIONER:
a) Värm ugnen till 375°F (190°C).
b) Lägg persikohalvorna med snittsidan uppåt i en ugnsform.
c) Ringla honung över varje persikahalva.
d) Strö de hackade nötterna jämnt över persikorna.
e) Pudra persikorna med mald kanel.
f) Ringla extra virgin olivolja över toppen.
g) Grädda i den förvärmda ugnen i 20-25 minuter eller tills persikorna är mjuka.
h) Ta ut ur ugnen och låt dem svalna något innan servering.

96.Olivolja och citronkex

INGREDIENSER:
- 2 dl mandelmjöl
- ¼ kopp olivolja
- ¼ kopp honung
- Skal av 1 citron
- ½ tesked bakpulver

INSTRUKTIONER:
a) Värm ugnen till 350°F (180°C). Klä en plåt med bakplåtspapper.
b) Blanda mandelmjöl, olivolja, honung, citronskal och bakpulver i en skål tills en deg bildas.
c) Skopa ur matskedstora delar av degen och rulla till bollar. Lägg på den förberedda bakplåten.
d) Platta ut varje boll med en gaffel, skapa ett kors och tvärs mönster.
e) Grädda i 10-12 minuter eller tills kanterna är gyllenbruna.
f) Låt kexen svalna innan servering.

97. Marockansk fruktsallad

INGREDIENSER:
- 2 dl blandade bär (jordgubbar, blåbär, hallon)
- 1 kopp tärnad vattenmelon
- 1 kopp tärnad ananas
- 1 msk färsk mynta, hackad
- 1 matsked honung

INSTRUKTIONER:
a) I en stor skål, kombinera de blandade bären, vattenmelon och ananas.
b) Strö den hackade myntan över frukterna.
c) Ringla honung över salladen och blanda försiktigt för att kombinera.
d) Kyl i minst 30 minuter innan servering.

98. marockanskt Honeyed Pudding

INGREDIENSER:
- ½ kopp couscous
- 1 ½ dl mandelmjölk (eller valfri mjölk)
- 3 matskedar honung
- ½ tsk mald kanel
- ¼ kopp hackade torkade fikon

INSTRUKTIONER:
a) Koka mandelmjölken försiktigt i en kastrull.
b) Rör ner couscousen, täck över och låt sjuda på svag värme i cirka 10 minuter eller tills couscousen är mjuk.
c) Rör ner honung och mald kanel. Koka i ytterligare 2-3 minuter.
d) Ta kastrullen från värmen och låt den svalna något.
e) Rör ner hackade torkade fikon.
f) Fördela puddingen mellan serveringsskålar.
g) Servera varm eller kyld.

99.Tårta utan mandel och apelsin

INGREDIENSER:
- 1 dl mandelmjöl
- ¾ kopp socker
- 3 stora ägg
- Skal av 1 apelsin
- ¼ kopp färsk apelsinjuice

INSTRUKTIONER:
a) Värm ugnen till 350°F (180°C). Smörj och klä en kakform.
b) I en skål, vispa samman mandelmjöl, socker, ägg, apelsinskal och färsk apelsinjuice tills det är slätt.
c) Häll smeten i den förberedda pannan.
d) Grädda i 25-30 minuter eller tills en tandpetare som sticks in i mitten kommer ut ren.
e) Låt kakan svalna innan den skärs upp.

100.Apelsin och olivolja tårta

INGREDIENSER:
- 2 dl mandelmjöl
- 1 kopp socker
- 4 stora ägg
- ½ kopp extra virgin olivolja
- Skal av 2 apelsiner

INSTRUKTIONER:
a) Värm ugnen till 350°F (180°C). Smörj och mjöla en kakform.
b) I en stor skål, vispa samman mandelmjöl, socker, ägg, olivolja och apelsinskal tills det är väl blandat.
c) Häll smeten i den förberedda formen och grädda i 30-35 minuter eller tills en tandpetare som sticks in i mitten kommer ut ren.
d) Låt kakan svalna och pudra sedan över strösocker innan servering.

SLUTSATS

När vi avslutar vår smakrika resa genom "Den bästa marockanska kokboken", hoppas vi att du har upplevt glädjen att utforska den tidlösa och förtrollande världen av det marockanska köket. Varje recept på dessa sidor är en hyllning till färskheten, kryddorna och gästfriheten som definierar marockanska rätter – ett bevis på den rika gobelängen av smaker som gör köket så älskat.

Oavsett om du har njutit av komplexiteten hos en klassisk tagine, anammat doften av marockansk couscous eller njutit av sötman hos uppfinningsrika bakverk, litar vi på att dessa recept har väckt din entusiasm för marockansk matlagning. Utöver ingredienserna och teknikerna, kan konceptet med att utforska maten från ett tidlöst kök bli en källa till anslutning, firande och en uppskattning för de kulinariska traditioner som för människor samman.

När du fortsätter att utforska den marockanska matlagningsvärlden, må "Den bästa marockanska kokboken" vara din pålitliga följeslagare, som guidar dig genom en mängd olika rätter som fångar Marockos essens. Här är det till att njuta av de djärva och aromatiska smakerna, dela måltider med nära och kära och omfamna värmen och gästfriheten som definierar det marockanska köket. B'saha!

www.ingramcontent.com/pod-product-compliance
Lightning Source LLC
Chambersburg PA
CBHW071901110526
44591CB00011B/1501